AF202845

Schenk dir Freude

Schenk
dir
Freude

Worte für die Seele

HERDER

FREIBURG · BASEL · WIEN

Herausgegeben von German Neundorfer

Thomas Frings

Johann Wolfgang von Goethe

Anselm Grün

Hugo von Hofmannsthal

Paulina Kleinsteuber

Silke-Andrea Mallmann

Lorenz Marti

Franz Meurer

Erich Mühsam

Susanne Niemeyer

Wolfgang Öxler

Joachim Ringelnatz

Friedrich Rückert

Nina Ruge

Andrea Schwarz

Kurt Tucholsky

Rudolf Walter

Beatrice von Weizsäcker

Martin Werlen

Teresa Zukic

Vorwort

Wollen wir ein kleines Experiment wagen? Es ist ganz einfach, und ich glaube, es könnte Ihnen gefallen: Bitte schließen Sie Ihre Augen und versuchen Sie sich an irgendeinen Moment in Ihrem Leben zu erinnern, an dem Sie so richtig Freude verspürt haben. Ihnen fällt bestimmt einer ein. Was passiert mit Ihnen, wenn Sie an diesen Moment denken? Spüren Sie ein Kribbeln im Bauch? Schlägt Ihr Herz vielleicht ein bisschen schneller? Wird Ihr Kopf ein wenig leichter? Und Ihre Mundwinkel – wandern die womöglich ein kleines bisschen in die Höhe?

Es ist faszinierend, was allein der Gedanke an Freude schon in uns auslösen und bewegen kann. Wie er uns hilft, aus dem grauen Einer- und Allerlei unseres Alltags auszubrechen und neue Kraft zu schöpfen.

»Freude«, so schreibt der Dichter Jean Paul, »ist die warme Sonnenseite des Geistes und des Leibes.« Und tatsächlich, kaum etwas anderes vermag unseren Geist und unseren Körper mehr zu erwärmen als die Freude – als würde nach endlos langen, trüben

Tagen endlich die Sonne hinter dem dichten Wolkenvorhang hervortreten und ihre Strahlen sanft auf unsere Haut werfen.

Die Gedanken und Impulse in diesem Buch möchten Sie, liebe Leserin und lieber Leser, dazu einladen, einige der vielen Facetten der Freude zu erleben. Ob es um die Freude in der Natur, die Freude mit unseren Liebsten, um die Freude der Gelassenheit oder ganz einfach um die Freude an der Freude geht. Und wer weiß, vielleicht begeben sich beim Lesen der Texte Ihre Mundwinkel hin und wieder auch ein klein bisschen auf Wanderschaft in die Höhe.

German Neundorfer

Inhalt

»Den Augenblick nicht deuten und nicht scheuen« – Freude am Glück

»Der reinen Fahrt beflissen« – Freude an der Freude

Anhang

»Die weiße Blütenpracht«

Freude an der Natur

An Ästen, die sich neigen,
Und braun und dunkel schweigen,
Springt auf die weiße Blütenpracht
Und lacht und leuchtet durch die Nacht
Und bricht der Bäume Schweigen,
Dass sie sich rauschend neigen
Und rauschend ihre Blütenpracht
Dem dunklen Grase zeigen!

Hugo von Hofmannsthal

Der Regenbogen

Nina Ruge

Dieser Regenbogen war überirdisch. Als er erschien, an einem warmen Sommerabend nach einem kurzen Gewitter, blieb für mich die Welt stehen. Ein solches Naturspektakel hatte ich noch nie erlebt. Der gigantische Bogen aus der vollendeten Farbskala des Lichts erschien über einer Wolkenformation, die mir wie ein Fingerzeig Gottes erschien. In prachtvoller Stille stand er da, über eine halbe Stunde lang.

Mich erfasste diese Offenbarung so stark, dass ich weinen musste. Vor Glück. Es war wie ein Satori, ein Moment der Erleuchtung. Vielleicht scheint das ein bisschen hochgegriffen, doch ich bin davon überzeugt: Wer sensibel ist für eine Offenbarung und wer sich in liebevoller Wahrnehmung übt, der kann ein solches Satori erleben, und nicht nur eins. Das ist keineswegs nur buddhistischen Zen-Großmeistern vorbehalten ...

Es gibt besondere, außergewöhnlich starke Erlebnisse in der Natur, die uns die Sprache verschlagen, die uns, um es neudeutsch zu sagen, »resetten«. Es sind Augenblicke von einer Wucht und Klarheit, die unser alltägliches Funktionieren außer Kraft setzen, unsere programmierte Weltwahrnehmung auflösen. Und unser Ego gleich mit. Urplötzlich wird da ein innerer Vorhang aufgezogen. All das, was uns alltäglich rotieren lässt, das Denken, Bewerten, Organisieren, ist mit einem Mal weg.

Überwältigt stand ich nur da, im Angesicht dieses Regenbogens, und es war, als sähe ich das alles zum ersten Mal: die sanfte Hügellandschaft bis zum Horizont, den pastelligen Farbverlauf des riesigen Himmelszelts, die balancierten Wolkenformationen – und darüber die kraftvolle, mächtige Glocke des Lichts, die alles zentrierte. Frieden, Geborgenheit, das große Geheimnis. Ich war aus der Zeit gefallen und spürte nichts als pulsierende Lebendigkeit, pures Glück.

Weshalb ich davon erzähle? Weil ich überzeugt bin, dass wir alle solche Momente, die unser Bewusstsein erweitern, erfahren können … wenn wir uns öffnen, wenn wir uns im Bereitschaftsmodus befinden. Dann sind wir fähig, sie zu erkennen, die Zeichen der Natur. Sie verändern unser Leben. Das Weltall liegt in uns.

Heilsames Geheimnis des Waldes

Anselm Grün

Der Wald ist ein Ort, wo viele Menschen Erholung suchen, abschalten, auftanken und ihre Alltagshektik loslassen und entspannen. Hier erfahren sie etwas Heilsames und Schützendes. Er ist für mich aber auch ein geheimnisvoller Ort, an dem der Mensch die Erfahrung des Heiligen, ja einer Gottesbegegnung machen kann.

Ich selber gehe gerne im Wald spazieren. Mit allen Sinnen kann ich ihn dann erfahren. Ich rieche ihn und nehme ganz verschiedene Düfte wahr. Ein Nadelwald riecht anders als der Laubwald oder als Beensträucher und blumenübersäte Waldlichtungen.

Ich schaue auf die Bäume, sehe, wie die Baumkronen sich im Wind wiegen, bewundere das Licht, das von der Höhe durch die Bäume fällt.

Ich halte inne, schaue mir einzelne Bäume an, wie hoch sie gewachsen sind oder wie ihre Wurzeln eigenartige Figuren formen. In allem, was ich sehe, sehe ich ein Sinnbild für mich selbst: Ich bin wie die Bäume verwurzelt. Und ich hoffe, dass meine Wurzeln tiefer reichen als das, was ich oberflächlich sehe, dass sie letztlich in Gott verankert sind. Ich gehe durch den Wald und fühle mich darin geborgen, eingehüllt von Lebendigkeit, Liebe und von einem Geheimnis, das größer ist als ich selbst.

Manchmal scheinen mir die dichten Baumkronen wie ein schützendes Dach zu sein. Und ich genieße vor allem die Ruhe. Der Wald ist ein Symbol für Geborgenheit. Er ist aber seit jeher immer auch geheimnisvoll. Für die Traumdeutung bedeutet Wald das Unbewusste. Der Wald führt uns tief ein in die unbewusste Welt unserer Seele. Im Wald – so erzählen es die Märchen –, da wohnen böse Feen, aber auch gute Geister. Da kommen uns Tiere zu Hilfe. Seit jeher hat der Mensch den Wald als etwas Numinoses erfahren.

Die Indios in Peru sind überzeugt, dass Gottes Liebe durch einen Baum zu uns strahlt. Wenn ich manchmal bewusst vor einem Baum stehen bleibe und mir das vorstelle, dann fühle ich mich wirklich geliebt. Ich fühle mich zugehörig zur Natur. Ich stehe nicht unter Druck. Ich werde nicht bewertet.

Wenn ich durch einen Buchenwald gehe, erlebe ich die Bäume oft wie gotische Säulen einer Kirche. Der Wald ist für mich dann wie ein heiliger Raum, in dem ich mich eingehüllt und geschützt fühle. Hier erfahre ich Gottes Gegenwart. Ich fühle mich eins mit der Natur. Ich atme die frische und gesunde Luft und atme darin Gottes Liebe ein. Der Wald, in dem auch das lange und unberührte Wachstum der Natur sichtbar werden kann, beruhigt meine unruhige Seele. Ich gehe, höre auf das leise Rauschen und fühle mich umgeben und geborgen von der Stille, die mich umfängt. Einmal hörte ich ein eigenartiges

Rauschen. Ich blieb stehen. Ich konnte diese Erfahrung nicht erklären. Aber ich war tief berührt, ergriffen von etwas, was größer ist als ich selbst. Für mich war es Gott selbst, der mich im Wind berührt hatte. Später habe ich in einem Gedicht von Nikolaus Lenau (1802–1850) diese Erfahrung wiedererkannt. In dem Gedicht »Stimme des Windes« heißt es zum Schluss:

»Horch! Überraschend saust es in den Bäumen
Und ruft mich ab von meinen lieben Träumen,
Ich höre plötzlich ernste Stimme sprechen;
Die aufgeschreckte Seele lauscht dem Winde
Wie Worten ihres Vaters, der dem Kinde
Zuruft, vom Spiele heimwärts aufzubrechen.«

Dieses Rauschen des Windes war zu hören, aber es erfasste auch den ganzen Leib. Das war für mich eine Gotteserfahrung. Mir kam das Bild von Pfingsten in den Sinn, als der Heilige Geist in einem Sturm für die Menschen erfahrbar wurde. Es war der Geist

Gottes, der in mir etwas in Bewegung brachte. Es war wie eine Antwort auf eine Frage, mit der ich mich im Wald beschäftigte: als ob Gott selbst mir im Rauschen des Windes eine Antwort gab.

Im Wundergarten

Johann Wolfgang von Goethe

Palermo, Sonnabend, den 7. April 1787.

In dem öffentlichen Garten unmittelbar an der Reede brachte ich im Stillen die vergnügtesten Stunden zu. Es ist der wunderbarste Ort von der Welt. Regelmäßig angelegt, scheint er uns doch feenhaft; vor nicht gar langer Zeit gepflanzt, versetzt er ins Altertum. Grüne Beeteinfassungen umschließen fremde Gewächse, Zitronenspaliere wölben sich zum niedlichen Laubengange, hohe Wände des Oleanders, geschmückt von tausend roten nelkenhaften Blüten, locken das Auge. Ganz fremde, mir unbekannte Bäume, noch ohne Laub, wahrscheinlich aus wärmern Gegenden, verbreiten seltsame Zweige. Eine hinter dem flachen Raum erhöhte Bank lässt einen so wundersam verschlungenen Wachstum übersehen und lenkt den Blick zuletzt auf große Bassins, in welchen Gold- und Silberfische sich gar lieblich bewegen, bald sich unter bemooste Röhren

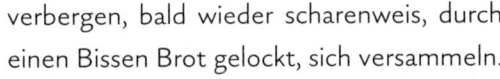 verbergen, bald wieder scharenweis, durch einen Bissen Brot gelockt, sich versammeln.

An den Pflanzen erscheint durchaus ein Grün, das wir nicht gewohnt sind, bald gelblicher, bald blaulicher als bei uns. Was aber dem Ganzen die wundersamste Anmut verlieh, war ein starker Duft, der sich über alles gleichförmig verbreitete, mit so merklicher Wirkung, dass die Gegenstände, auch nur einige Schritte hintereinander entfernt, sich entschiedener hellblau voneinander absetzten, so dass ihre eigentümliche Farbe zuletzt verlorenging, oder wenigstens sehr überbläut sie sich dem Auge darstellten.

Welche wundersame Ansicht ein solcher Duft entfernteren Gegenständen, Schiffen, Vorgebirgen erteilt, ist für ein malerisches Auge merkwürdig genug, indem die Distanzen genau zu unterscheiden, ja zu messen sind; deswegen auch ein Spaziergang auf die Höhe höchst reizend ward. Man sah keine Natur mehr, sondern nur Bilder, wie sie der künstlichste Maler durch Lasieren auseinander gestuft hätte.

Aber der Eindruck jenes Wundergartens war mir zu tief geblieben; die schwärzlichen Wellen am nördlichen Horizonte, ihr Anstreben an die Buchtkrümmungen, selbst der eigene Geruch des dünstenden Meeres, das alles rief mir die Insel der seligen Phäaken in die Sinne sowie ins Gedächtnis.

Himmelswunder

Beatrice von Weizsäcker

Ich kann mir keinen schöneren Ort denken als den Himmel. Keinen friedlicheren. Ob es stürmt, ob dunkle Wolken den Blick versperren, ob die Sonne scheint oder der Regen fällt, ob am Tag, ob in der Nacht: Der Himmel ist immer da.

Ich mochte den Himmel schon als Kind. Ich erinnere mich an die erste Nacht unter freiem Himmel und den Blick in die Sterne, die immer mehr wurden, je dunkler es wurde und je länger ich hinsah. Diese Unendlichkeit des Weltalls. Und das Wunder, dass ich nicht hineinfiel in dieses grenzenlose Nichts.

Später kamen neue Wunder dazu. Himmelszelt-Wunder. Das liegt an meinen Brüdern, die beide nicht mehr leben. Die Drobigen, Fritz und Andreas, sie haben meinen Blick verändert. Der Himmel bekam ein Gesicht, er bekam ihr Gesicht. Sie sind der Himmel. Und sie tun Wunder.

Einmal, in der Nacht, schien der Mond nach einem kräftigen Gewitter. Er schien auf ein paar Wolkentupfer, die langsam ihre Bahnen zogen. Mittendrin leuchtete ein zartes Wolkenherz. Allmählich löste es sich auf im stillen Wind, als sei es schüchtern. Das war bestimmt ein Gruß. Ein Gruß von meinen Brüdern. Ein andermal sah ich zwei Sternschnuppen, auch sie gewiss ein Gruß von meinen beiden. Sie winken oft auf diese Weise, meist zu Silvester und zum Geburtstag im August.

Nicht immer treten beide miteinander auf. Einst hat Andreas mir geschrieben, mit einem hellen Wolken-A. Senkrecht und ruhig lag es am Himmelszelt, als wollte es gesehen werden. Hinter dem A waren flache Schnörkel, die immer kleiner wurden, bis sie verschwanden. Wie eine Schrift, kaum leserlich. Ich konnte sie entziffern. Und war aus dem Häuschen. Das ist der Himmel. Unzerstörbar. Unverbrüchlich.

Ein Lebensort und Wunderland. Ein Versprechen auf die Zukunft, die sichtbar schon begonnen hat.

Nirgends stelle ich es mir schöner vor, nirgends beglückender als dort, beim »Vater unser im Himmel« und seinem Sohn. Der Himmel ist die Welt, die wir betreten, wenn wir die irdische Welt verlassen, das glauben wir. Im Himmel sind die Menschen, die uns fehlen. Auferstanden von den Toten ... aufgefahren in den Himmel ... Dort ist Ruhe. Dort ist Frieden. Da ist Platz für alle.

Niemand weiß, wie der Himmel ist und wie es dort ist. Bestimmt ist er kein Ort, wie wir ihn uns vorstellen. Bestimmt ist er kein Ort wie andere Orte, die wir kennen. Der Himmel liegt außerhalb unserer Welt und jenseits unserer Vorstellungskraft. Der Himmel ist wie der Horizont, den man vielleicht erreichen will, doch niemals kann. Denn kaum ist man dort, ist er woanders. Hinter dem Horizont geht es weiter bis hinein in die Unendlichkeit. Der Himmel ist der unendliche Ort der Unendlichkeit Gottes.

Die Unendlichkeit aber entzieht sich dem Eigentumsbegriff. Denn Eigentum ist stets konkret: ein Gegenstand, ein Grundstück, ein Kunstwerk, ein Urheberrecht, eine Erfindung. Eigentum ist vom Grundgesetz geschützt. Ganz anders als der Himmel. Er kann uns darum nicht gehören.

Und das Himmelreich?

Auch das Himmelreich ist kein Ort. *Kehrt um! Denn das Himmelreich ist nahe,* sagt Jesus. (Mt 4,17) Und an anderer Stelle: *Wenn ihr nicht umkehrt und werdet wie die Kinder, werdet ihr nicht in das Himmelreich hineinkommen.* (Mt 18,3) Damit kann kein Ort gemeint sein. Das Himmelreich, von dem Jesus spricht, ist das Reich Gottes. Es ist der Himmel, reich an Gottes Gaben. Reich an seiner Gegenwart. Reich an seiner Güte. Reich an seiner Freiheit. Reich an seiner Liebe. Reich an Freude, an Erfüllung, an seiner Unendlichkeit. Nichts davon kann man besitzen.

»Weil ich dich liebe,
dich,
du frohe Frau«

Freude an Menschen

Von allen Seiten drängt ein drohend Grau
Uns zu. Die Luft will uns vergehen.
Ich aber kann des Himmels Blau,
Kann alles Trübe sonnvergoldet sehen.
Weil ich dich liebe, dich, du frohe Frau.

Joachim Ringelnatz

Tragetuch

Silke-Andrea Mallmann

Es sind zwei, drei Handgriffe. Sie beugt sich vorn-
über, das Kind auf ihrem Rücken hält die Balance,
dann einmal gut festziehen und fertig ist er, der
Knoten im farbigen Tragetuch, das in jedem afri-
kanischen Land anders heißt und mit dem sich die
große Schwester die kleine gekonnt auf den Rücken
bindet. Das Baby schaukelt vertrauensvoll auf dem
Rücken – gehalten von einem einzigen Knoten. Dies
fasziniert mich immer wieder neu.

Einen Knoten zu binden, das haben wir als Kinder
erst mühsam lernen müssen, heute machen wir ihn
routiniert, gleichsam automatisch. Knoten haben
unterschiedliche Funktionen, doch meistens dienen
sie dazu, etwas zu verbinden, etwas zusammenzu-
halten, etwas zu fixieren.

Knoten geben Halt und Sicherheit – sei es dem Kind
auf dem Rücken oder einem Bergsteiger am Seil.
Da, wo ich mich festmache, da bin ich gehalten.

Das bringt mich auch immer wieder zu der Frage, die so wichtig ist für mein Leben: Woran mache ich mein Leben fest? Wo setze ich den Knoten? Wer hält mich? Traue ich ihm und kann ich in diesem Vertrauen sorgenlos meine Füße baumeln lassen?

Und: Wen trage ich? Wen binde ich mit meinem Knoten an mich und mein Leben? In der Gewissheit, dass mir dies nicht zur Last wird. Überlegen Sie doch selbst einmal ...

Lobe jemanden

Susanne Niemeyer

Eines Morgens wachst du auf, und die Welt ist grau.
Du blinzelst kräftig, aber es ist, wie es ist: Der Baum
vorm Fenster, dein Nachttisch mit der einst grasgrü-
nen Lampe, die Wand, ja selbst der Himmel – grau.
Zunächst denkst du an eine seltene Augenkrankheit,
aber dann stürmt deine Tochter ins Zimmer und
ruft: »Die Welt ist grau! Du musst was tun!« »Aber
Schatz«, wendest du ein, »wieso denn ich? Ich habe
keine Ahnung von so etwas!« »Einer muss aber«,
antwortet sie, und das leuchtet dir ein.

Du schlüpfst in deinen Lieblingspullover, der allerdings auch in Grau nur halb so viel hermacht, und
trittst auf die Straße. Wenn wenigstens deine Gattin

hier wäre, die stets einen Tipp für vielerlei Notlagen parat hat. Aber sie befindet sich auf irgendeiner Fortbildung zum Thema Softskills. Was immer das heißt.

Vielleicht solltest du erst mal zum Bäcker gehen. Brot braucht man sowieso.

»Ein halbes Rundkorn«, sagst du zu der Verkäuferin. Sie packt es in eine Tüte, zählt Wechselgeld heraus, nichts geschieht. Der Laden bleibt grau.

»Ganz schön grau heute«, versuchst du ein Gespräch.

»So? Ist mir noch gar nicht aufgefallen. Stehe seit sechs hier. Da war's noch dunkel.«

Draußen triffst du deine Nachbarin.

»Die Mülleimer standen schon wieder im Weg, junger Mann!«

»Hören Sie«, antwortest du, »wir haben gerade andere Sorgen. Die Welt ist grau. Noch gar nicht bemerkt?«

»Wenn alles seine Ordnung hätte, dann wäre sie es nicht!«

Du bist dir da nicht sicher, wagst aber nicht zu widersprechen. Ratlos gehst du zurück nach Hause. Der Tag dümpelt dahin. Als es sechs ist, kommt deine Tochter nach Hause.

»Hej!«, ruft sie, »ich habe eine Zwei in Bio!«

»Mmm-mmmh«, murmelst du, deinen Blick ungern vom Wirtschaftsteil wendend.

»Hallo, hast du gehört?« – »Ja, super!«

»Jetzt lob mich doch mal!«

»Ach Süße, ich weiß doch, dass du schlau bist.« Du bist nicht sonderlich geübt darin. Lob, das scheint aus einer alten Zeit zu kommen, in der es noch Noten für gutes Betragen gab. Dir ist schleierhaft, warum man Dinge sagen soll, die der andere ohnehin weiß: Komplimente. Liebeserklärungen. Warum sonst sollte man mit einem Menschen zusammen sein, wenn nicht deshalb, weil man ihn liebt?

»Ach Papa! Versuch's! Einmal ...«

Du blickst auf. »Also gut. Ich bin stolz auf dich. Wie kannst du dir nur etwas über Amöben merken? Du bist meine Lieblingsbiologin!«

Blink! Deine Tochter strahlt. In Farbe.

»Hast du gesehen?«, ruft sie aufgeregt. »Aber ja!« Du bist perplex. »So einfach – los, komm!«

Ihr lauft zur Bäckerin: »Ihr Brot ist das Beste«, ihr begegnet der Nachbarin: »Sie sehen wunderbar aus in Ihrem Blümchenkleid«, ihr lobt den Kioskbesitzer und den Busfahrer. Ihr lobt das beste Eis der Welt und die frischen Pflaumen. Ihr lobt das Gelb des Herbstlaubs, die Eichhörnchen und den Geruch von Schnee in der Luft, und weil dafür nun wirklich keiner verantwortlich zu machen ist, ruft ihr es in den Himmel: »Gut gemacht!«

Und die Welt strahlt.

Gold wert: Freundschaften

Rudolf Walter

Im Jahr 2011 haben die Vereinten Nationen den 30. Juli zum »Internationalen Tag der Freundschaft« gemacht. Und 2022 war das Ergebnis der Allensbacher Markt- und Werbeträgeranalyse: Mehr als 84 Prozent der Befragten betrachten gute Freunde und enge Beziehungen als besonders erstrebenswert im Leben (eine glückliche Partnerschaft nannten nur 75 Prozent). Freundschaft ist Gold wert, darin sind sich alle einig. Nicht nur in extremen Notsituationen, sondern auch im Alltag. Was macht sie so kostbar? Und wieso genießen wir die Nähe von Freunden?

Tanja Hollander ist Amerikanerin, zu Hause in Maine, Fotografin von Beruf, jung, vernetzt, mit vielen Bekannten, weltweit. Natürlich war sie auf Facebook. Sie chattete mit ihrer Freundin in Jakarta, hielt Kontakt mit nahen Bekannten in Paris oder in Griechenland. Exakt 626 Freunde hatte sie schon vor zehn Jahren auf Facebook, als sie sich zu einem Experiment entschloss. Sie wollte es jetzt wissen: »Are you really my friend?« – »Bist du wirklich mein Freund?« So nannte sie ihre Aktion. Sie wollte einfach einmal hinfahren, sich mit den Leuten wirklich treffen, mit ihnen Zeit verbringen – und herausfinden, was Freundschaft ausmacht. Sie klapperte also ihre Facebook-Bekanntschaften ab und traf sich auch mit denen, die sie bislang nicht persönlich kannte – und machte wunderbare Erfahrungen, die man nicht in der virtuellen Welt, nur in der Realität machen kann: Vertrauen, Freundlichkeit, Großzügigkeit sind keine Seltenheit, und das Netz der Beziehungen wird tragfähiger, engmaschiger, wenn man Ja sagt zu anderen. »Schön, dass du da bist, komm rein!« Das war die Erfahrung, die sie sehr oft machte. Aber das erlebt nur, wer die virtuelle Realität verlässt und sich auf das wirkliche Leben einlässt.

Es gibt »Freunde« und »gute Freunde«. Gute Freunde bleiben etwas Rares. Geschäftsfreunde, Sportfreunde, Parteifreunde, Wanderfreunde – das ist das eine. Aber ein Zechkumpan ist noch kein Herzens-

freund, und Geschäftsfreundschaften zerbrechen leicht, wenn die Interessen nicht mehr die gleichen sind. Menschen, die in unserer Nähe sind, sind uns noch nicht nah. Das Leben ist leichter mit anderen. Wir brauchen Menschen, die ähnliche Interessen, Hobbys, vielleicht sogar die gleichen Probleme haben wie wir. Freunde fürs Leben müssen sie deswegen aber noch nicht sein.

Freunde, die in den unterschiedlichen Lebenslagen, vielleicht sogar für unterschiedliche Zwecke gewonnen und geschätzt werden, erweisen sich als wahre Freunde, wenn diese Zwecke wegfallen: Wenn eine plötzliche Krankheit den Museumsbesuch mit der Freundin nicht mehr möglich macht und die

Freundin dennoch kommt, vorliest oder etwas anderes macht, was guttut. Oder wenn der Geschäftsfreund nach der Pensionierung den anderen weiterhin schätzt und besucht – obwohl kein Geschäft mehr zu machen ist. Oder wenn der Parteifreund auch noch zu einem hält, wenn man selbst die Partei verlassen hat. Das gibt es wirklich: Freunde lassen einen alleinstehenden Freund nicht im Stich, als der einen Schlaganfall hat und seinen Beruf nicht mehr ausüben kann, kümmern sie sich reihum, über Jahre. Einer ist in Not, Freunde meiden ihn nicht, sondern helfen ihm, nicht nur mit guten Worten.

Auch im normalen Alltag gilt: Man hat Interesse aneinander, verbringt Zeit miteinander. Immer wieder sich sehen und miteinander reden, gemeinsam etwas unternehmen, sich verabreden, auch einfach so – das gehört dazu. Mit Freunden kann man alles machen, aber man braucht nicht immer alles zu machen. Mit dem einen Freund kann man wunderbar blödeln, weil er so voller Leichtigkeit und spontan zurückblödelt, mit dem anderen dagegen tut es gut, in allem Ernst die Tiefen des Lebensschmerzes auszuloten. Mit der einen Freundin kann man sehr gut gemeinsam Klamotten einkaufen. Sie hat einen guten Geschmack. Man kann mit ihr ins Café gehen und über Gott und die Welt reden, Beziehungskisten aus- und wieder einpacken. In einem Museum würde sie sich langweilen. Da gibt es eine andere Freundin, mit der sich seelenverwandt Museen besuchen lassen. Und sie lässt sich auch fürs Wandern begeistern. Die dritte Freundin liebt ihre Fitness und ist die wunderbare Begleitung beim Joggen. Die vierte ist ebenfalls ist der Kirchengemeinde aktiv. So gibt es für die verschiedenen Bereiche unterschiedliche Freundinnen, die sich dann mindestens einmal im Jahr, beim Geburtstag, alle miteinander sehen – und wenn es gut geht, auch miteinander gut auskommen.

Echte Freundschaft geht über Freizeitgestaltung hinaus, sie hat immer auch etwas Intimes. Sie braucht ein gemeinsames Fundament, gegenseitiges Vertrauen, und das muss wachsen. Zeit ist wesentlich: Freundschaft braucht Zeit. Sie wächst. Sie braucht auch Geduld. Aber sie trotzt, wenn sie einmal gewachsen und im Herzen verwurzelt ist, den vielen Stürmen des Lebens. Sie ist da, wenn eine Liebe zerbricht. Geteilte Not ist halbes Leid. Wenn die Freunde in schwierigen Situationen zur Stelle sind und Mitgefühl zeigen, ist das Leben leichter erträglich. Aber genauso wichtig sind Freunde, die uns das Glück nicht neiden, die sich mit uns freuen können. Und im Alltag: Wir alle brauchen Resonanz und Wahrheit. Die Leute neigen dazu, zu hören, was sie hören wollen. Ein Freund, eine Freundin hört das, was du eigentlich sagen wolltest. Und ich selber kann offen und frei sein und darf sagen, was ich fühle – und nachher meine Probleme vielleicht in einem neuen Licht sehen. Freundschaft ist auch mehr als Sympathie, aber Sympathie ist eine Voraussetzung dafür, dass Freundschaft wachsen kann. Gleichzeitig braucht es »Augenhöhe«, das heißt:

Es geht nicht um Verehrung oder Unterordnung, sondern um einen Austausch unter Gleichen, um Respekt, der geprägt ist von der Haltung des Wohlwollens. Ich will für  den anderen Gutes. Neid, Konkurrenzdenken, Narzissmus oder ständiges Vergleichen sind da Gift. Sympathie, ja auch ein Quantum Liebe gehört zur Freundschaft. Aber Freundschaft ist etwas anderes als Liebe: nicht prickelndes Begehren, nicht überschäumende Emotionalität, nicht exklusive Bezogenheit und körperliche Nähe. Kann sich Liebe in Freundschaft verwandeln? »Lass uns in Zukunft gute Freunde sein«, das sind oft endgültige, leicht verzuckerte Begräbnisworte einer Liebesbeziehung. Aber manchmal gelingt es. Das kann dann auch schön sein – und dauerhaft.

Freundschaft stärkt uns. Wenn mein Freund mir sagt, dass ich die Prüfung schaffen werde, dass ich doch schon so viel gelernt habe, dann hilft das. Oder diese Erfahrung: Eine Frau sagt, sie sei so erstaunt gewesen, als ihr ihre Freundin gesagt hat: »Du bist doch ein heiterer Mensch.« Das hätte sie selber vorher nie von sich gesagt. Und nun entdeckt sie selber ihre innere Heiterkeit, kann sie erst nach diesem – unabsichtlichen – Zuspruch so richtig erleben. Zuhören und reden, das heißt auch, die Kunst des Wertschätzens zu beherrschen, die mehr ist als bloßer Trost: Da gibt es eine Freundin, die einem, der nicht an Selbstüberschätzung leidet, auf einmal – ohne besonderen Anlass – sagt: »Du bist etwas Besonderes.« Ihr kann er es glauben, weil er ihr vertraut. Ohne dass ihn das eitel macht, macht es ihn größer, weiter, ja es stimmt ihn fröhlich.

In dieser Atmosphäre des Vertrauens ist auch Kritik möglich, die ich annehmen kann, weil ich weiß, dass sie nicht destruktiv und boshaft gemeint ist. Sich mitteilen, das hat etwas zu tun mit dem Wort »tei-

len«: Freude, Kummer, Sorgen, auch Leiden-
schaften. Nichts schöner als das: sich mit
jemandem auszutauschen, der sich ganz
auf mich einlässt und auf den ich mich
ganz einlasse. Ich zeige mich, wie ich bin,
und sehe den anderen, wie er oder sie ist.
Bei einem Freund muss ich keine Rolle spielen, ich
darf sein, wie ich bin – und ich bin akzeptiert und re-
spektiert, wie ich bin. Freunde hören nicht nur, was
sie hören wollen, sondern was ich sagen will. Jeder
braucht das. Ehrlichkeit, Wahrhaftigkeit – Worte, die
sich groß und moralisch anhören, aber doch etwas
aussagen, was man auch genießen kann. Sein dür-
fen, wie man ist, sich nicht verstellen müssen – und
sich und sein Gegenüber doch als »anderen« res-
pektieren. »Aus dem Umgang mit Freunden muss
alle Verstellung verbannt sein.« So der berühmte
Knigge, der jedoch gleich anfügt, dies bedeute nicht,
alles voneinander zu wissen und alles mitzuteilen.
Freunde seien Gottes Entschuldigung für die Familie, hat einmal jemand gesagt. Freunde sind frei

gewählt, nicht naturgegeben. Aber gemeinsam mit der Familie haben sie im besten Fall doch etwas: Sie ermöglichen Intimität, Vertrautheit, Heimat. Freundschaften sind feste Knoten im weitmaschiger gewordenen sozialen Netz, lebenslang. Machbar ist Freundschaft nicht. Und doch – man muss auch etwas für Freundschaft tun: nicht im Sinne von Aktivismus, aber im Sinne der Pflege, der Kultivierung. Daran will der Internationale Tag der Freundschaft wohl erinnern.

Wie viele Freunde braucht man wirklich? Sicher nicht 626. Man kann natürlich nicht mit jedem Menschen Freund sein. Aber freundlich kann man zu allen sein. Und überhaupt die Welt jeden Tag mit einem freundlichen Blick anschauen. Das macht die Welt schöner – und tut mir und anderen gut.

Tanja Hollander hat übrigens all ihre Besuche fotografisch festgehalten und im Internet dokumentiert. Sie hat viel über Beziehungen gelernt, aber auch darüber, was Freundschaft von einer Internetbekanntschaft unterscheidet. Und sie hat auch ein Buch über ihre Erfahrungen geplant, ein richtiges Buch, aus Papier, zum Anfassen und Reinblättern.

Freundschaft ist eben nichts Virtuelles. Und auch nichts nur für einen Tag im Juli.

Von der Liebe

Anselm Grün

Nach Liebe sehnen wir uns alle. Und jeder von uns hat schon Erfahrungen von Liebe gemacht, hat gespürt, wie ein Mann, eine Frau ihn liebt, und erfahren: Diese Liebe tut gut. Sie verwandelt uns. Sie hinterlässt einen neuen Geschmack des Lebens. Ich erfahre die Liebe aber nicht nur, wenn ein anderer Mensch mich liebt. Sie ist mehr als romantisches Verliebtsein, das unser Leben verzaubert. Die Liebe – so sagt es uns schon Platon und nach ihm Paulus im Hohenlied der Liebe (1 Kor 13) – ist eine Macht, die allem Sein zugrunde liegt. Und Novalis, Naturphilosoph und Dichter der Romantik, nennt sie »das Amen des Universums«: also die letzte, bejahende Kraft der ganzen Wirklichkeit. Auch in der Meditation kann ich diese Erfahrung machen, dass auf dem Grund meiner Seele Liebe ist. Sie ist einfach da wie eine nie versiegende Quelle, die mich durchströmt, oder ich erfahre sie wie eine Glut, die mich wärmt.

Manche drücken diese Erfahrung dann so aus, dass sie in diesem Augenblick Liebe sind. Dann strömt die Liebe einfach durch sie hindurch zu allem, was um sie ist, zu den Menschen, zu den Pflanzen und Tieren, in die Räume ihres Hauses. Manchen Menschen sieht man es tatsächlich an, dass sie Liebe sind. Ihr Gesicht strahlt diese Liebe aus.

Die moderne Evolutionsforschung hat erkannt, dass die Liebe auch der Motor der Evolution ist. Auch im Tierreich und im Pflanzenreich ist die Verbundenheit jene Kraft, die allem zugrunde liegt und die auch dem Überleben dient. Denn die Lebewesen überleben, die sich mit anderen verbinden und verbunden fühlen. Diese kosmische Liebe als Verbundenheit mit allem, was ist, ist eine Macht, aus der auch wir schöpfen. Gott selbst ist diese Liebe, die den ganzen Kosmos durchdringt und als Kraft alles in ihrem Wirken zusammenhält und auch uns trägt. Paulus sagt, dass die Liebe Gottes ausgegossen ist in unsere Herzen durch den Heiligen Geist (Röm 5,5). Wir können aus dieser Quelle schöpfen, auch wenn wir emotional gerade keine Liebe spüren. Diese Liebe, die auf dem Grund unserer Seele strömt, ist eine Macht, die uns drängt, aus uns herauszugehen, auf andere zuzugehen und ihnen mit Wohlwollen zu begegnen. Johannes sagt von dieser Liebe: »Furcht gibt es in der Liebe nicht, sondern die vollkommene Liebe vertreibt die Furcht« (2 Joh 4,18). Die Macht der Liebe ist also eine Kraftquelle. Sie befreit uns von der Angst. Sie ist auch nichts, was wir leisten müssen. Es geht in unserem Leben wesentlich darum, mit dieser Liebe in Berührung zu kommen, die in uns ist, und dann den Mut aufzubringen, aus ihr zu leben und nicht aus der Angst.

Wer diese Erfahrung von Liebe macht, der erfährt Gott. Gott ist Liebe, auch als ein Du, das mich liebt. Aber er ist nicht nur der Liebende, er ist in seinem Wesen Liebe. Liebe ist in allem und durchdringt alles. Und auf Gott als Liebe können wir die Worte aus der Areopagrede des Paulus beziehen: »In ihm leben wir, bewegen wir uns und sind wir« (Apg 17,28).

Auch in der oft brüchigen Liebe, mit der wir uns gegenseitig lieben, ist etwas von der Liebe spürbar, die Gott ist – einer Liebe, die ohne Brüche ist, auf die wir uns unbedingt verlassen können. In jeder Liebe, die wir zwischen uns Menschen erfahren, berühren wir Gott als Liebe.

*»Unser ist
der Augenblick«*

Freude der Gelassenheit

Frage nicht, was das Geschick
Morgen will beschließen;
Unser ist der Augenblick,
Lass uns den genießen!

Friedrich Rückert

Schalt ab

Susanne Niemeyer

Eines Morgens wachst du auf und stellst die Welt auf lautlos. Das Hupen der Autos stoppt. Die U-Bahn fährt weiter, aber kein Handy spielt sein Lied. Niemand ruft: »Wo bist du gerade?« Die Menschen schauen verdutzt, und dann vertiefen sie sich in ihre Zeitung oder sehen aus dem Fenster. Die Ansagen der Haltestellen fallen aus. Auch, ob der Ausstieg sich rechts oder links befindet, muss man selber herausfinden.

In den Supermärkten verstummen die Durchsagen. Sonderangebote fallen unter den Tisch, aber deinen Joghurt findest du auch so. Das Radio sendet Stille und der Fernseher sieht schwarz. Nichts piepst mehr. Du atmest auf. Auf einmal merkst du, dass dein Herz klopft. Dann schaust du in den Himmel, etwas unbeholfen mit der Gesamtsituation. Wolken, denkst du, fliegen sowieso lautlos. Du könntest dich jetzt ins Gras legen und ihnen hinterherschauen. Das hast du noch nie getan, weil es so ein Klischee ist. Jetzt probierst du es. Im Park gibt es eine Wiese. Tapfer ignorierst du drohende Grasflecken und alles, was krabbelt. Es ist weicher, als du gedacht hast, und es riecht nach Kindheit, nach Frühling und nach grünen Knien. Der Himmel hat geöffnet und ist sehr groß. Als Erstes melden sich ein paar Wünsche. Schlafen, sagt einer. Küssen, ergänzt ein anderer. Marshmallows in rosa, will ein dritter. Sie flüstern nur, kein Wunder, dass sie im normalen Getöse untergehen. Du hörst ihnen gern zu und kannst ihren Vorschlägen etwas abgewinnen. Die Zeit tickt auf einmal anders. Es muss irgendeine Verbindung geben zwischen der Ruhe und ihr. Sie scheint sich auszubreiten, wenn sie nicht von Geräuschen eingeschlossen wird. Du brauchst auf nichts zu achten. Du fühlst dich weniger im Standbymodus. Nicht jederzeit abrufbar. Abgeschnitten vom Strom der ständigen Nachrichten. Auch das Grundrauschen der Stadt ist weg. Die Autos und Flugzeuge. Das Kläffen der Hunde, die schreienden Kinder. Es ist merkwürdig und angenehm zugleich. Wie unter Wasser.

Am Abend kommst du nach Hause und beginnst zu kochen. Als du die Erbsen auspulst, bleibt ihr unter euch. Kein Telefon unterbricht dich. Kein Radio holt dich zur Hälfte in eine Zweitwelt. Zunächst ärgert dich das. Weil du diese Zeit nicht nutzen kannst. Die Nachrichten anschalten, ein Hörspiel, irgendetwas nebenbei hören. Aber dann konzentrierst du dich einfach auf deine Hände und die kleinen grünen Dinger und deine Gedanken wundern sich über die ungewohnte Freiheit. Sie toben sich aus in der Stille. Sie finden ungeahnte Wege, plötzlich haben sie Platz und Zeit und freie Bahn. Du hältst dich zurück, aber nicht sie. Du lenkst sie nicht, du stellst ihnen keine Aufgabe. Du drängst sie zu nichts, weil du kein Ergebnis brauchst. Du folgst ihnen einfach. Erstaunlich, was du alles erfährst. Beim Einschlafen denkst du, dass der Lautlos-Knopf eine feine Sache ist. Zumindest einmal am Tag.

Schweigen können

Kurt Tucholsky

Wir lagen auf der Wiese und baumelten mit der Seele.

Der Himmel war weiß gefleckt; wenn man von der Sonne recht schön angebraten war, kam eine Wolke, ein leichter Wind lief daher, und es wurde ein wenig kühl. Ein Hund trottete über das Gras, dahinten. »Was ist das für einer?«, fragte ich. »Das ist ein Bulldackel«, sagte die Prinzessin. Und dann ließen wir wieder den Wind über uns hingehen und sagten gar nichts. Das ist schön, mit jemand schweigen zu können.

Freude am Loslassen

Thomas Frings

Als während der Coronapandemie über Monate alle Lokale geschlossen waren, entdeckte ich das Kochen. Da ich der Freude an gutem Essen und Trinken nicht mehr außerhalb nachgehen konnte, habe ich sie mir ins Haus geholt, wenn auch nicht mit den Ergebnissen, wie ich sie von anderen Menschen gewohnt bin. Dafür musste aber einiges an Equipment angeschafft werden, wie Pfannen, Messer, Reiben und Mixer. Dabei bin ich inzwischen eher in einer Lebensphase angekommen, in der ich Sachen außer Haus bringe und mich trenne. Ob, wann und in welchem Umfang jemand anfängt, sich von Dingen zu trennen, ist von unterschiedlichen Umständen abhängig und kennt keine Regeln.

Eine alleinstehende Tante erlitt mit 88 Jahren einen Oberschenkelhalsbruch und konnte danach nicht mehr ihre Wohnung behalten. Als die Entscheidung für den Umzug in ein Altenheim gefallen war, fragte sie, ob sie sich noch einige Dinge wie den Sessel ihres Vaters, eine kleine Vitrine und einen Tisch ausleihen dürfe. Auf meinen erstaunten, sogar entrüsteten Hinweis, dass alles selbstverständlich weiterhin ihr gehöre, antwortete sie ruhig: »Nein, das alles gehört mir schon lange nicht mehr. Es ist mir inzwischen zur Belastung geworden.« Nach ihrem Umzug stellten wir beim Ausräumen der Wohnung fest, dass hinter jedem Möbelstück und Bild der Name desjenigen stand, der es bekommen sollte. Innerlich hatte die alte Dame alles bereits losgelassen und »mit warmer Hand« verschenkt, ganz nach der klugen Erkenntnis: Greifen und festhalten konnte ich von Geburt an, jetzt übe ich das Loslassen und Schenken.

Hat man in der ersten Lebenshälfte Freude am Erwerben und Besitzen, so kann dieses Gefühl irgendwann hineinreifen in eine Freude am Loslassen. Das Märchen »Hans im Glück« erzählt von dieser Freude des Loslassens. Hans bekommt zum Lohn für seine sieben Jahre Arbeit einen Klumpen Gold, der so groß wie sein Kopf ist. Auf dem Heimweg tauscht er diesen gegen ein Pferd ein, dieses gegen eine Kuh, dann ein Schwein, eine Gans und schließlich einen Schleifstein. Bei jedem Tausch wird er übervorteilt, empfindet es jedoch selbst als einen Gewinn. Als ihm am Ende der Schleifstein in einen Brunnen fällt, ist er über den Verlust keineswegs traurig, sondern springt auf, kniet nieder und dankt Gott mit Tränen in den Augen, dass er ihn nun auch noch von diesem schweren Stein befreit hat, und das Märchen endet mit den Worten: »»So glücklich wie ich‹, rief er aus, ›gibt es keinen Menschen unter der Sonne.‹ Mit leichtem Herzen und frei von aller Last sprang er nun fort, bis er daheim bei seiner Mutter war.« Ein märchenhaftes Leben verbinden wir eher mit Gewinn als mit Verlust, doch Hans gewann nach der Dienstzeit seines Lebens die Einsicht, dass nicht allein im Hab und Gut das Glück zu finden ist, sondern ebenso im Loslassen, bis hin zum Verlieren.

Wir alle haben Lieblingsstücke, nicht nur im Kleiderschrank. Gegenstände, mit denen wir etwas verbinden, und manchmal ist die damit verbundene Erinnerung das für uns eigentlich Wertvolle. Was sind die Dinge, an denen ich wirklich hänge, an denen »mein Herz hängt«? Als Erstes fällt mir mein Computer mit den zahlreichen Texten ein, in denen viel Arbeit steckt. Aber auch die Tausende von Fotos, die dort gespeichert sind und die mir beim Betrachten schöne Momente meines Lebens in Erinnerung rufen. Zweimal wurde bei mir eingebrochen. Die Uhr, die ich zu meiner Erstkommunion geschenkt bekam, war wertvoll, aber ich vermisse mehr ihren ideellen als den materiellen Wert. Wir können nichts Materielles wirklich besitzen, alles müssen wir irgendwann loslassen. Ansonsten wird es uns spätestens am Ende des Lebens genommen werden.

Und was heißt schon besitzen? Besitzt der das Bild mehr, der es in seinem Haus an der Wand hängen hat, als der, der die Schönheit darin erkennt, auch wenn es nicht ihm gehört? Könnte ich einen echten Vermeer mein Eigen nennen, wäre ich ein reicher Mann, hätte aber ständig Angst, ihn zu verlieren, sei es durch Brand oder Diebstahl. So bin ich froh, keinen Vermeer zu besitzen, kann mich aber dennoch an seiner Schönheit im Museum erfreuen. Ich muss die Bilder im Museum oder die Möbel in den Schaufenstern nicht in meinem Zimmer haben. Ich bin schon glücklich, dass es sie gibt, und nicht erst, wenn ich sie besitze.

Was bleibt von uns, wenn wir einmal fast alles losgelassen haben – wer sind wir hinter dem, was wir jetzt noch unser Eigen nennen – und wer bin ich vor all den Dingen? Die Dinge sind nicht ich, aber wer bin ich mit ihnen geworden und wer würde ich gerne noch werden? Ignatius von Loyola (1491– 1556), dem Begründer des Jesuitenordens, wird die Aussage zugeschrieben, wer länger als 15 Minuten über den Verlust einer Sache trauert, habe zu sehr daran gehangen. Man mag das übertrieben finden, doch steht dahinter der Gedanke einer radikalen, inneren Freiheit.

In dem Kultfilm »Harold und Maude« verliebt sich der achtzehnjährige Harold in die achtzigjährige Holocaustüberlebende Maude, die mit Freude, Feingefühl und großer Reife diese Liebe erwidert. Als er ihr einen einfachen Ring mit der Gravur »Harold liebt Maude« schenkt, antwortet sie: »Und Maude liebt Harold. Das ist das schönste Geschenk, das ich seit Jahren bekommen habe.« Einen Moment später wirft sie den Ring mit einer eleganten Bewegung ins Meer. Dem entsetzt schauenden Harold sagt sie: »Jetzt weiß ich immer, wo er ist.«

Langmut

Wolfgang Öxler

Wir warten im Supermarkt an der Kasse, im Stau, an der Bushaltestelle oder beim Arzt. Manche warten auf die große Liebe oder auf ein Wort der Versöhnung. Es ist ja so eine Sache mit dem Warten.

Die einen von uns sind sehr ungeduldig und wollen alles immer sofort und die anderen haben eine Engelsgeduld, welche wiederum die Ungeduldigen schier zur Verzweiflung bringen kann. Mitunter scheint es, als sei unser ganzes Leben ein einziges großes Warten.

Auf manche Dinge müssen wir nur kurz warten, auf andere vielleicht unser ganzes Leben lang. Und so macht uns das Warten bewusst, dass die wichtigsten und schönsten Dinge im Leben oftmals Angelegenheiten sind, über die wir als Menschen letztlich keine Kontrolle haben. Sie entziehen sich unserer Macht und unserem Einfluss.

Häufig fehlt es uns an Geduld mit uns selbst und mit Gott, und wir versuchen dann unter allen Umständen, Entscheidungen und Unternehmungen zu beschleunigen, für die wir uns eher Zeit lassen sollten. Wir machen dann oft genau das, was wir eigentlich nicht tun wollten. Warten können heißt die Kunst des Lebens. Alles hat seine Zeit, und so gibt es auch eine »Warte-Zeit«. Wer in seinem Leben nichts mehr erwartet, aus dessen Herz stiehlt sich die Freude.

Ungeduld hat beispielsweise in der Kindererziehung oder bei der Gartenarbeit keinen Platz. »Das Gras wächst nicht schneller, wenn man daran zieht«, lautet ein afrikanisches Sprichwort. Man muss das Wachsen und Reifen abwarten können. Alles im Leben braucht seine Zeit. Und derjenige, der immer alles sofort haben will, der das Ergebnis nicht abwarten kann und der Natur ins Handwerk pfuscht, läuft Gefahr, durch seine Ungeduld alles zu zerstören. Umgekehrt: Wer Geduld hat, wer warten kann – im Vertrauen auf Gottes Führung und Vorsehung –, für den kommt die Blütezeit.

Wer wartet, ist auf ein Ziel hingeordnet. Hier geht es um eine Grundhaltung im Leben von uns Menschen. Wer auf etwas wartet, genügt sich nicht selber, verliert sich nicht im unendlichen Raum, sondern gibt seiner Sehnsucht eine Richtung. In der Bibel wird das Warten, die Geduld als »Langmut« bezeichnet. Das ist ein treffendes Wort. Wer auf lange Zeit seinen Mut nicht verliert, der kann auch große Spannungen und Entbehrungen ertragen. Warten heißt, darauf zu vertrauen, dass das Eigentliche uns zur rechten Zeit geschenkt wird. Warten hat für mich auch etwas mit heiterer Gelassenheit zu tun. Humor und Lebensfreude helfen uns, unser Dasein so anzunehmen, wie es ist. Ist doch gerade die heitere Gelassenheit ein Zeichen der inneren Reife.

Streich' das Wort »Muss«

Susanne Niemeyer

»Mach blau«, sagt eines Morgens Gott.

»Tut mir leid, das geht nicht«, antwortest du. »Ich muss den Boden wischen. Die Wäsche waschen. Ich muss die Akten fertig machen, das Mittagessen kochen, die Kinder zum Reiten bringen, Margarethe anrufen. Ich muss abnehmen, einkaufen, meine Beziehung überdenken, die Geburtstagseinladungen verschicken, arbeiten, schlafen, mich kümmern. Ich muss noch so viel tun.«

Gott erbleicht. »Hatte ich dich nicht aus der Sklaverei befreit?« Forschend fragt er: »Wer befiehlt dir?«

Du beginnst zu stottern. »Niemand, jedenfalls nicht so direkt. Was du dir immer denkst. So ist es halt ... das Leben ...«

Erstaunt schaut Gott dich an. »Aber das Land, in dem Milch und Honig fließen, das hatte ich doch versprochen!«

»Hier fließt nichts, wenn ich nicht selbst dafür sorge«, antwortest du resigniert. »Was ich nicht tue, tut auch kein anderer.«

»Hör zu«, sagt Gott und baut sich majestätisch vor dir auf. »Ich bin der Allerhöchste. Ich gebe dir frei. Nimm dir eine Hängematte. Pflück Blumen, geh schlafen, trink Erdbeerbrause, guck in die Wolken. Tu, was du willst.«

»Und die Wäsche?«, rufst du.

Aber Gott ist schon entschwunden.

Du fängst an, die Socken zu sortieren und grummelst vor dich hin. Als ob das so einfach wäre. Die Dinge tun sich schließlich nicht von allein.

Als ob man bei jeder Sache fragen kann, ob man sie tun will.

Aber die Begegnung nagt an dir. Du musst zugeben, dass du das Wörtchen »muss« verdächtig oft benutzt. Wieso musst du Margarethe anrufen? Das willst du doch. Oder? Das Mittagessen dagegen willst du nicht jeden Tag kochen. Was würde eigentlich passieren, wenn du es nicht tätest?

»Muss«, denkst du plötzlich, ist ein Wichtigtuer. Wer tausend Dinge muss, ist unentbehrlich. »Muss« ist ein Schutzschild. Wer alles erledigen muss, hat keine Zeit zum Nachdenken. »Muss« ist eine Universalentschuldigung. Wer seinen Pflichten nachkommen muss, braucht nicht für seine Wünsche zu kämpfen. Dir fällt dein Großvater ein. »Tu, was du willst. Wolle, was du tust«, war sein Wahlspruch.

Nachdenklich legst du eine Socke zur Seite und lässt dich in einen Sessel fallen. Und wenn du versuchsweise ein paar »Muss« durch ein paar »Will« ersetztest?

Du versuchst es, und es klingt tatsächlich anders. Weniger eng, ein paar Kilos leichter und vor allem: selbstbestimmt. Nicht, dass du auf einmal aus tiefstem Herzen Wäsche falten willst. Aber du willst sie nicht rumliegen sehen, und deshalb tust du es.

Die nächsten Tage bist du aufmerksamer. Du achtest darauf, was du willst. Manchmal nimmst du frei. Weil »will« nicht stimmt und »muss« Unsinn ist. Dann findet das Mittagessen in der Hängematte statt. Dazu gibt es Erdbeerbrause für alle.

»Den Augenblick
nicht deuten
und nicht
scheuen«

Freude am Glück

An allen Früchten unbedenklich lecken;
vor Gott und Teufel nie die Waffen strecken;
Künftiges missachten, Früheres nicht bereuen;
den Augenblick nicht deuten und nicht scheuen;
dem Leben zuschaun; andrer Glück nicht neiden;
stets Spielkind sein, neugierig noch im Leiden;
am eigenen Schicksal unbeteiligt sein –
das heißt genießen und geheiligt sein.

Erich Mühsam

Tanzstunde

Paulina Kleinsteuber

Endlich Urlaub. Kein Telefon, keine Mails, dafür ein paar gute Bücher, den Blick in die Natur und freie Zeiteinteilung. Kochen muss ich allerdings selbst. So habe ich auf dem alten Herd in der Ferienwohnung einen Topf mit Wasser aufgesetzt. Noch unschlüssig, ob ich Nudeln oder Reis kochen will, scheinen sich diese und alle anderen Gedanken bald völlig im Kochwasser aufzulösen und zu verschwinden, denn im wahrsten Sinne des Wortes gedankenverloren starre ich in den Topf mit dem langsam wärmer werdenden Inhalt. Er ist ganz klar und farblos. Dennoch bilden sich nach und nach Schlieren, die sich mehr und mehr durch die Flüssigkeit ziehen. Aufgeweckt durch die Hitze, beginnen die Wassermoleküle zu tanzen. Erst sanft, wie ein langsamer Walzer, dann schneller werdend, einem Tango gleich, letztlich wirbeln sie immer wilder herum, im Gebet versunkenen Derwischen gleich, bis alles zu sprudeln anfängt.

All diese Bewegung, sie ist allein angetrieben von der zugeführten Wärme. Und Wärme bewegt nicht nur die Moleküle in meinem Topf. Die Frühsommerwärme bewegt die Gemüter, hin zu Frohsinn. Wärme erzeugt aber auch Luftbewegungen, angefangen vom zarten Windgeflüster bis hin zum tobenden Sturm. Die Erwärmung der Atmosphäre bringt Menschen und Tiere in Bewegung, lässt sie umherziehen, auf der Suche nach Nahrung und Wasser.

Die der Erdtiefe innewohnende gewaltige Energie versetzt sogar die riesigen Kontinentalplatten unseres Planeten in Bewegung. Unvorstellbare Kräfte birgt der glühende Erdkern, die uns nur ansatzweise ins Bewusstsein dringen, wenn beispielsweise ein Vulkan ausbricht oder ein Erdbeben ganze Regionen erschüttert.

Core – so bezeichnet man den Erdkern in der englischen Sprache. Dieser Begriff, er liegt so nah am lateinischen *cor*, das Herz.

Mir schwirrt der Vers eines Hymnentextes durch den Sinn, den wir in der Vigil des Herz-Jesu-Festes

singen: »… du bist der glühende Kern der Schöpfung«.
Der glühende Erdkern – *Cor Jesu* – Herz Jesu. Die ur-
gewaltige Kraftquelle der Schöpfung, der Kern, auf
dem all unser Dasein und Leben aufgebaut ist, der es
trägt und in Bewegung hält, der den Weg erleuchtet
und uns läutert, der unser Herz erwärmt und unseren innersten Kern zum Tanzen bringt.
So wie nun die Reiskörner tanzen, die ich mittlerwei-
le ins Wasser geschüttet habe.

Der kleine Vogel

Nina Ruge

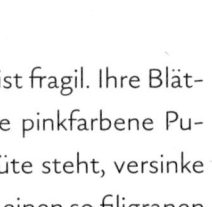

Meine Seidenakazie – alles an ihr ist fragil. Ihre Blätter wie Mimosen, ihre Blüten wie pinkfarbene Puderquasten. Wenn sie in voller Blüte steht, versinke ich in Andacht. Wie kann man nur einen so filigranen Stamm haben, so prächtig blühen, so viel Schönheit versprühen und sich dann auch noch in all der Eleganz anmutig im Wind wiegen?

Ein Sprichwort aus China liefert mir das tiefe Verständnis für das, was ich mit meiner Seidenakazie erlebe. *Wenn ich einen grünen Zweig in meinem Herzen hege, dann wird sich der Vogel darauf niederlassen ... und singen.*

Der grüne Zweig in meinem Herzen, das muss einer meiner Seidenakazie sein! So verletzlich und stark, so sensibel und kraftvoll – und vor allem: so üppig!

Und mit einem Mal begreife ich: Ihre verschwenderische Hingabe ist vollkommen zweckfrei, Vorteilsdenken kennt sie nicht. Sie feiert selbstbewusst das Leben – und sie gibt, ohne eine Gegenleistung zu erwarten, ... Liebe.

Natürlich ist meine Idee vom Liebeverschenken in diesen wundervollen Baum hineingedacht. Doch die Akazie sendet ihr Signal so intensiv, dass sie für mich zu einem Inbegriff dessen geworden ist, was Liebe wirklich ist.

Liebe ist fragil, ist pinkfarbene Puderquaste wie schmaler Stamm. Sie ist üppig, sie ist kraftvoll, sie fragt nicht nach Sinn und Zweck – sie verschenkt sich einfach.

Und so bin ich meiner Seidenakazie unendlich dankbar. Sie steht da und blüht, und ich verstehe, fühle nichts als Liebe. Sie ist wie ein Vogel, der ganz früh am Morgen hingebungsvoll singt. Wovon singt er?

Von der Süße des Lebens. Und meine Seidenakazie liefert mir die freundliche Anleitung, wie ich sie einladen kann zu mir.

Öffnen Sie Ihr Herz für die Liebe. Absichtslos, ohne Ziel, für alles, was lebt, für alles, was ist. Ja, wenn Sie es öffnen, werden Sie spüren: Da ist unendlich viel zu verschenken!

Und genau dann lässt sich der kleine Vogel in Ihrem Herzen nieder – und er singt. Sein Name ist »Glück«.

Zum Glück Philosophie

Franz Meurer

Wie gut Glück als Schulfach ist, hab' ich kapiert durch einen Satz des Dalai Lama: »Wenn Kinder in das System Schule kommen, wird nicht viel über die Werte der Menschlichkeit gesprochen. Sie lernen, sich auf materielle Werte zu fokussieren, während ihre inneren Werte verkümmern.« Katharina Blum, die Schulleiterin in Bergisch Gladbach, sagt zu den Erfahrungen mit der Neuausrichtung des Schulfachs Religion: »Unsere Schüler öffnen sich mehr, sind engagierter und fehlen seltener.« Eine Lehrerin an der Kollegschule sagt: »Die Schüler beginnen an sich selbst zu glauben.« Offensichtlich erfahren sie Selbstwirksamkeit durch Erlebnisse in Gemeinschaft.

Brutaler als der Dalai Lama urteilt der Philosoph Peter Sloterdijk über die Schule. In seinem Buch mit dem Titel *Du musst dein Leben ändern* (Verlag Suhrkamp, Berlin 2012), einem Rilke-Zitat, beschreibt er die Geistesgeschichte Europas als Trainingsgeschichte. Trainer sind die Dirigentinnen, die Professoren, die Sporttrainerinnen, und eben auch die Lehrer. Die Schule versage, weil die Lehrerinnen und Lehrer keine Vorbilder seien. Ohne Vorbilder sei »üben, üben, üben« nicht vermittelbar. Ohne üben dann aber auch keine reifen Persönlichkeiten.

Vielleicht mag den Philosophen versöhnen, dass sich auch in den Grundschulen Philosophie einwurzelt.

Eine Grundschule im Schwarzwald hat 2020 als eine von sechs Schulen den Deutschen Schulpreis erhalten für ihr Konzept der »Philosophierenden Grundschule«. Die Schule liegt im Dorf Schuttertal nahe der französischen Grenze im Ortenaukreis in Baden-Württemberg und folgt der Montessori-Pädagogik. Maria Montessori hat ja den wunderbaren Grundsatz erfunden: »Hilf mir, es selbst zu tun«. So sagte auch die damalige Rektorin Susanne Junker, die das Konzept mit entwickelt und umgesetzt hatte: »Wir versuchen, jedes Kind einzeln zu sehen und ihm die Möglichkeit zu geben, die Lerninhalte mitzubestimmen.« In ihrem Konzept erläutert die Schule: »Kinder sind genaue Beobachter. Sie stellen sich Fragen über die Welt und das Leben. Sie wundern sich über Zusammenhänge, die für die Erwachsenen scheinbar selbstverständlich sind.« Also philosophieren die Kinder gemeinsam mit ihren Lehrerinnen und Lehrern in Gesprächsrunden und Projekten über Fragen wie »Wer bin ich?«, »Wie wäre es, wenn ich ein anderer Mensch wäre?«, »Warum gab es einen Urknall?«, »Wie entstand eigentlich Gott?« und »Wann bin ich frei?«. Wenn sie anfangen, darüber zu reden, setzen sie sich dabei nicht selten gegenseitig in Erstaunen ob der vielen Blickwinkel und Erkenntnisse. »Es geht dabei um das Philosophieren als Kulturtechnik: selbst denken lernen.«

Genau das ist ja Philosophieren: selber nachdenken und Fragen stellen. Der römische Dichter Horaz brachte es vor gut zweitausend Jahren in zwei Wörtern auf den Punkt: *Sapere aude,* Wage es, weise zu sein! Immanuel Kant folgt dem und formulierte vor gut zweihundert Jahren den Grundsatz der Epoche der Aufklärung: »Habe Mut, dich deines eigenen Verstandes zu bedienen.«

Damit das in der prämierten Grundschule in Schuttertal auch gelingt, hängen an der Tafel zwei Regeln des Philosophierens: Alle Gedanken sind möglich. Und: Wenn einer spricht, hören die andern zu. Die Fragen, die in den Philosophiestunden erörtert werden, sind für alle in einer Vitrine zu lesen. Da steht dann unter anderem: »Was sind Freunde?«, »Gibt es eine perfekte Natur?«, »Haben Tiere eine Seele?«.

Das sind natürlich auch Fragen, die uns Erwachsene interessieren. Vor allem die nach der Natur und dem Verhältnis zwischen Kosmos, Erde, Pflanzen, Tieren, Menschen. Und die von Philosophen und Theologen derzeit intensiv erforscht werden. Papst Franziskus hat in seinem Schreiben »Laudato si'« aus christlicher Sicht die Richtung sehr deutlich markiert: Wir Menschen sind nur Teil der Schöpfung und unser Verhältnis zur Natur sollten wir verbessern. In

Münster gibt es gar einen Lehrstuhl für die Theologie der Tiere.

Ich finde, die Kinder in Schuttertal sind ein Vorbild, die Lehrerinnen und Lehrer dort natürlich auch. *Sapere aude:* Machen wir es wie die Kinder und haben wir mit Immanuel Kant den Mut, uns unseres Verstandes zu bedienen und zu philosophieren!

Spuren des Glücks

Wolfgang Öxler

Was bedeutet »Glück«? Ich persönlich denke nicht viel über das Glück nach. Der Philosoph Platon hat einmal gesagt: »Die ständige Sorge um die Gesundheit ist auch eine Krankheit, und wer dauernd über das Glück nachdenkt, ist meist unglücklich.« Wenn jemand sagt: »Ich bin glücklich!«, kann niemand sicher wissen, was genau er damit meint, denn Glück verbindet jeder und jede ganz individuell mit bestimmten Gerüchen, Melodien, Personen, Landschaften …, die für keinen anderen Menschen exakt dasselbe bedeuten.

Und viele Menschen wissen gar nicht, dass sie glücklich sind. Glück wird oft erst als solches erkannt, wenn seine Spuren bereits verschüttet oder verloren gegangen sind. Glück ist ein Verwandlungskünstler. Es hinterlässt Spuren in uns, die uns verwandeln. Im Märchen vom »Hans im Glück« treffen wir auf die Magie des Loslassens. Es ist eine Glücksgeschichte vom »immer weniger«. Denn in Wahrheit liegt das Glück nicht in dem, was einer besitzt, sondern vielmehr darin, was einem genommen werden, was einer aufgeben kann, ohne dass er todunglücklich, ja sogar: damit er zufriedener wird. »Weniger ist mehr«, dieser Grundsatz führt uns auch auf unserem spirituellen Weg auf die richtige Spur zu einem geglückten Leben. »Ein gelassener Mensch soll nicht allzeit darauf achtsam sein, wessen er bedürfe, er soll darauf sehen, wessen er entbehren kann.« *(Heinrich Seuse)*

Glück ist das Nebenprodukt eines sinnvollen Lebens. Schon der alte Philosoph Aristoteles erkannte, dass man Glück nicht gezielt anstreben kann. Das Glück stellt sich indirekt ein, wie in der Physik die Wärme bei der Arbeit. Viele Menschen haben dem entgegen ein Wovon, aber kein Wofür sie leben. Gelingendes, sinnerfülltes Leben ist ein glückliches Leben. Ein chinesisches Sprichwort sagt: »Wenn ich einen grünen Zweig im Herzen trage, wird sich der Singvogel darauf niederlassen.« Damit so ein grüner

Zweig in meinem Herzen blüht, sprich, das Glück in meinem Herzen einkehren kann, ist es gut zu wissen, dass ich Glück nicht erzwingen kann. Wer nach dem großen Glück Ausschau hält, versäumt oft die kleinen Glücksmomente in den Spuren des Alltags.

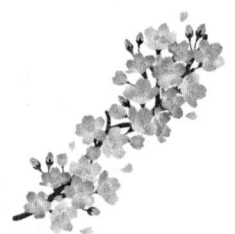

Das ist das Paradies

Lorenz Marti

Was ist Glück? Philosophen, Theologen und andere Gelehrte haben sich darüber die Köpfe zerbrochen und keine Antwort gefunden. Auch die Psychologie vermag es nicht zu definieren. Eigentlich seltsam: Da suchen alle das Glück, doch niemand weiß, was es eigentlich ist. Aber, in aller Bescheidenheit, ich habe es herausgefunden: Glück ist, wenn man kein Zahnweh hat.

Ist es so einfach? Vielleicht schon. Wenn man einige Tage unter fürchterlichen Zahnschmerzen leidet und schließlich davon befreit wird, ist das wie der Übertritt von der Hölle ins Paradies. Der schwedische Autor Lars Gustafsson schreibt: »Das Paradies muss darin bestehen, dass ein Schmerz aufhört. Aber das bedeutet doch, dass wir im Paradies leben, solange wir keine Schmerzen haben. Und wir merken es nicht.«

Da könnte ich also meinem seitlichen Backenzahn, dem Sechser unten links, beinahe dankbar sein, dass er mich mit seinem Störmanöver auf das Glück des Daseins aufmerksam gemacht hat. Er meldete sich eines Morgens mit einem dumpfen Schmerz. Wird nicht so schlimm sein, dachte ich. Und es wurde schlimmer. Die Schmerzattacken häuften sich und strahlten giftig über die ganze linke Gesichtshälfte. Schließlich blieb nur noch der Zahnarzt. Fünf Behandlungen, seither herrscht wieder Ruhe im Mund. Nur mit dem Paradies ist es so eine Sache. Kaum war nämlich der Zahn kuriert, kehrten auch die alten Unzufriedenheiten zurück. Gründe zum Unglücklichsein finden sich ja immer, meist sind sie ziemlich banal: das Wetter, der Blick in den Spiegel, ein verspäteter Bus. So hält sich das kleine tägliche Unglück. Es ist mir so vertraut, dass es mir wohl fehlen würde, wäre es eines Tages verschwunden. Ich bin wahrscheinlich nicht paradiestauglich.

Der Sechser unten links trägt den lateinischen Namen Molar, was auf Deutsch Mühlstein heißt. Seit über fünfzig Jahren zermalmt er alles, was ich mir so in den Mund schiebe. Zur Kenntnis genommen habe ich ihn nie. Und einen Dank hat der gute Molar natürlich auch nie erhalten. Unzufriedenheit, so meine Vermutung, hat etwas mit Undankbarkeit zu tun, und diese wiederum mit Unachtsamkeit. Vielleicht wollte Molar mir nur das mitteilen.

Fast alles im Leben funktioniert ganz selbstverständlich. Das ist schön, hat aber auch einen Nachteil: Es wird nicht beachtet. Ein Leben ohne Zahnweh weiß erst zu schätzen, wer einmal Zahnweh hatte. Und es braucht verdammt viel Aufmerksamkeit, um nach diesem Erlebnis nicht gleich wieder in die alte Grummelbrummel- Stimmung zurückzufallen.

Momentan gefährdet die Zahnarztrechnung mein eben entdecktes Glück. So viel Geld für Molars Beschwerden!

Muss der Eintritt ins Paradies denn so teuer sein?

»Der reinen Fahrt beflissen«

Freude an der Freude

Sei du im Leben wie im Wissen
Durchaus der reinen Fahrt beflissen;
Wenn Sturm und Strömung stoßen, zerrn,
Sie werden doch nicht deine Herrn;
Kompass und Pol-Stern, Zeitenmesser
Und Sonn und Mond verstehst du besser,
Vollendest so nach deiner Art
Mit stillen Freuden deine Fahrt.
Besonders, wenn dich's nicht verdrießt,
Wo sich der Weg im Kreise schließt;
Der Weltumsegler freudig trifft
Den Hafen, wo er ausgeschifft.

Johann Wolfgang von Goethe

Erstklässler

Silke-Andrea Mallmann

»Sie saßen da mit gespitzten Bleistiften und gespitzten Ohren ...« So beschrieb ein Reporter den ersten Schultag einer Grundschulklasse. Der gespitzte Bleistift, die gespitzten Ohren werden zu einem Bild für Offenheit, Aufmerksamkeit und die Bereitschaft, sich einzulassen. Wer einen gespitzten Bleistift dabeihat, der ist gut vorbereitet!

Ich frage mich, wie es denn mit den Bleistiften in meiner Lebensschule aussieht? Sind sie gespitzt? Bin ich offen dafür, Neues zu lernen? Aufmerksam für den Moment? Bereit, dieses Leben voll und ganz anzunehmen?

Oder hänge ich unmotiviert auf der Schulbank herum, kaue Kaugummi und warte, bis der Tag vorbei ist? Kann ich das, was vielleicht wichtig wäre, gar nicht aufschreiben, weil mein Bleistift eh schon lange keine Spitze mehr hat? Interessiert mich überhaupt noch, was in meinem Leben gerade auf dem

Stundenplan steht, oder stecke ich mir Kopfhörer in die Ohren, stelle mein Herz und meinen Verstand auf Durchzug und hoffe, dass es keiner merkt?

Lebe ich mein Leben mit allen Höhen und Tiefen? Mit der Neugier auf das, was vielleicht morgen auf dem Plan steht? Mit der Aufmerksamkeit für die kleinen Details, die scheinbar winzigen und doch so wichtigen Begegnungen, die Momente von Erfüllung und Freude über die ersten Krokusse, die Wärme der Sonne, ein Stück Brot?

Und wie gehe ich meine Arbeit an? Mit gespitztem Bleistift – bereit zu lernen, zu wachsen, Neues zu gestalten, neue Erfahrungen zu machen, auch im Alltagstrott?

Jesus will, dass wir das »Leben haben und es in Fülle haben«. (Johannes 10,10)

Wir könnten unseren Bleistift doch mal wieder anspitzen!

Haben Sie heute schon gelebt?

Andrea Schwarz

Es gibt Tage in meinem Leben, da komme ich abends heim und frage mich – was habe ich heute nun eigentlich »gemacht«? Gut, ich habe vielleicht zwei Termine wahrgenommen, vier Briefe diktiert, zehn Telefonate geführt, einige Leute waren im Büro – ich kann schon aufzählen, was ich gearbeitet habe. Aber irgendwie, ein komisches Gefühl bleibt zurück. Und dann merke ich auf einmal, dass die Frage »was habe ich heute eigentlich gemacht?« total falsch ist, dass sie eigentlich ganz anders lauten müsste, nämlich: Habe ich heute gelebt?

Habe ich heute bewusst mich, meine Mitmenschen, meine Umwelt erlebt? (...)

Manchmal, da erfahre ich das Leben ganz intensiv. Da pulst mein Leben, meine Energie aus jeder Pore meiner Haut hervor. Da spüre ich auf einmal, was Leben alles sein kann. Von Pablo Neruda stammt der Satz: »Ich bekenne, ich habe gelebt.« Das ist eigentlich ein Satz, den ich am liebsten jeden Abend zu meinem Gott sagen möchte: »Ich bekenne, ich habe heute gelebt. Heute habe ich das aus meinem Leben gemacht, was du mir als Veranlagung dazu geschenkt hast. Ich habe heute geweint und gelacht, ich war neugierig und entspannt, ich habe anderen zugehört und bin übergeflossen vor Redseligkeit. Ich bekenne, ich habe gelebt.« Gott hat gewollt, dass wir leben – jetzt, heute, in diesem Moment. Wenn er es nicht gewollt hätte, dann hätte er uns nicht so erschaffen mit all diesen Veranlagungen. Leben heißt dabei nicht unbedingt, andauernd glücklich sein – Leben heißt, bewusst sein eigenes Leben wahrnehmen, das Traurige ebenso wie das Schöne, beidem seinen Raum geben, bewusst das Leben der anderen Menschen und der Schöpfung um sich herum wahrzunehmen. Und ich denke, das hat Jesus auch mit dem »Leben in Fülle« gemeint.

Tja – aber so einfach ist das nun auch wieder nicht. Gott schenkt mir mein Leben – aber ich bin mir und Gott verantwortlich dafür, was ich aus meinem Leben mache. Ich stelle mir das manchmal sehr plastisch vor (alle Theologen werden jetzt aufschreien – aber das stört mich nicht, weil es ein Bild ist, mit dem ich was anfangen kann): Gott stellt mir einen unvorstellbar großen Korb mit Wolle hin, alle Farben, alle Sorten, Nadeln in jeder Größe – das Dumme ist, stricken muss ich ganz alleine. Ich muss Masche an Masche setzen, manche rutschen leicht, andere fallen herunter, manche finde ich überhaupt nicht wieder: Ich kombiniere Farbe und Muster. Aber dass ich überhaupt stricken kann, dass ich die Materialien dazu habe, das ist ein Geschenk. Mein Leben ist ein Geschenk – was ich daraus mache, liegt an mir. Dabei bekommt jeder von uns solch einen Korb voll Wolle, aber keiner besitzt die ganze Auswahl. Der eine hat keine rote Farbe, dem anderen fehlt das dicke Garn, mit dem er so herrlich schnell vorankommt. Aber jeder hat seinen Korb mit Wolle – und der ist voll, übervoll. Ich kann davon, von diesem Korb mit Wolle, sogar anderen abgeben – mein Leben mit anderen teilen. Für eine solche Art zu leben aber muss ich mich entscheiden. Sie ist sicher anstrengender, als sich leben zu lassen, mitzuschwimmen im Strom. Aber ich denke, sie ist auch um vieles reicher, voller, dichter. Wert, gelebt zu werden ... von mir gelebt zu werden.

Haben Sie heute schon gelebt?

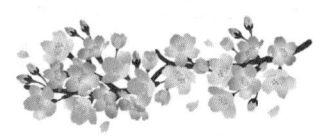

Zeit, sich am Leben zu freuen

Thomas Frings

Im ersten Lebensdrittel haben viele gerne Sätze über den Sinn des Lebens am Kühlschrank oder über dem Schreibtisch hängen wie: *Niemand wird dir deine Träume erfüllen, du musst es schon selber machen* oder *Große Dinge beginnen klitzeklein* oder *Wann hast du das letzte Mal etwas zum ersten Mal gemacht?* oder *Leben ist das, was passiert, während du Pläne machst,* um irgendwann zu erkennen, dass sie wahr sind, wir von ihnen aber weder ein Brot kaufen noch die Miete bezahlen können – es sei denn, wir haben diese Karten produziert. Ich mag Spruchkarten und bleibe regelmäßig in den Geschäften dabei stehen. Den Wahrheitsgehalt der tiefsinnigen habe ich inzwischen selbst erfahren, weshalb ich mit fortschreitendem Alter die witzigen interessanter finde.

Ein Satz meiner Großmutter, der sich durchgetragen und bewahrheitet hat, den ich aber noch nie auf einer Spruchkarte entdeckt habe, lautete: »Es ist nichts schwerer zu ertragen als eine Reihe guter Tage«. Dahinter steht die Lebenserfahrung, dass der Wechsel von vielen Werktagen und wenigen Feiertagen dem Empfinden der Menschen sehr entgegenkommt. Den Feiertagen ihren Reiz abzugewinnen, das ist leicht. Doch was machen wir mit der viel größeren Menge an Alltagen?

Es ist gut, sein Leben zu planen, doch wenn man ganz im Planen und Arbeiten aufgeht und die beglückenden Momente und Dinge nur in den Ferien erlebt oder auf die Zeit nach der Berufstätigkeit verschiebt, das ist riskant. Wenn so jemand dann kurz nach Erreichen der Rente stirbt, hört man von den Hinterbliebenen den tragischen Satz: »Jetzt wollte er doch noch so viele Sachen endlich machen.«

Mich haben die kleinen Freuden des Alltags das Leben nicht nur genießen, sondern in manchen Momenten auch bewältigen lassen. Meine Friseurin Martina begrüße ich immer mit der Bemerkung, dass ich einen Kurzurlaub bei ihr gebucht habe, denn ich genieße meinen Besuch von der ersten bis zur letzten Minute. Man darf das für oberflächlich halten, doch ist es nicht auch eine Gabe, sich an den kleinen und bisweilen nebensächlichen Dingen des Lebens zu erfreuen? Ich habe eine ganze Menge von solchen kleinen Dingen, an denen ich mich erfreuen kann: morgens der erste Kaffee, dazu die Zeitung, keine Musik und kein Gespräch – im Sommer das Spaghettieis – der Geruch, der mir aus dem Wein- oder Whiskyglas entgegenkommt – der Blick in den Schrank, nachdem ich alle Hemden gebügelt habe – der Duft von gemähtem Gras – das frisch bezogene Bett am Abend – tiefes Luftholen, nicht nur am

Meer — und die Aufzählung könnte lang und länger werden. Was für ein Glück, sich freuen zu können, und wem das zu oberflächlich oder banal ist, der finde für sich etwas Größeres. Hauptsache, er findet etwas.

Im Vorgespräch zur Silberhochzeit sagte mir die Frau, sie bekomme noch jede Woche Blumen von ihrem Mann. Als ich dann überrascht und erstaunt fragte, ob man sich nicht auch an den Blumenstrauß am Wochenende gewöhne, da lächelte sie und sagte: »Ich weiß nie, an welchem Tag er mit den Blumen kommt.« Kleine Sachen sind keine Kleinigkeiten.

Der größte Teil des Lebens findet nun einmal in dem statt, was wir Alltag nennen, und das gilt selbst für die gekrönten Häupter und Filmstars. Über deren Leben liegt mehr Glanz und öffentliche Aufmerksamkeit, doch auch daran gewöhnt der Mensch sich und es wird irgendwann alltäglich — vermutlich auch bei den Promis. In allen Kulturen gibt es einen natürlichen Wechsel von vielen Arbeits- und wenigen Feiertagen und dieser Rhythmus scheint sinnvoll und gut zu sein für den Menschen, denn »Es ist nichts schwerer zu ertragen als eine Reihe guter Tage«. Jahr für Jahr bewahrheitet sich dieser Spruch, wenn es wieder heißt, dass Familien an den Weihnachtstagen, immerhin drei nacheinander, mehr streiten als an den anderen Tagen.

Freude an den kleinen Dingen

Teresa Zukic

Ich habe die kleinen Dinge schätzen gelernt: Ich liebe die gelben Felder auf meinen Touren, jeden Sonnenstrahl, das Lächeln oder einen lieben Kommentar auf meinen Seiten im Internet. Ich freue mich einfach an allem und habe keine großen Wünsche mehr. Ich wünsche mir nur, dass wir alle so lange, wie es geht, gesund bleiben. Dafür, es uns mit einfachen Dingen schön zu machen, werde ich immer mit meiner Kreativität sorgen. Ich lebe und diene Gott und den Menschen und bin verschwenderisch mit meiner Lebenszeit für andere. So wie auch jetzt, wenn ich dieses Buch schreibe und alle meine Kraft und Liebe hineinlege. Es gibt für mich nichts Schöneres und ich werde bis zu meinem letzten Atemzug Menschen ermutigen und für sie leben. Ich teile gerne mein Lebensglück mit allen. Ich schaue jetzt schon auf ein reiches inneres Leben zurück und bin gewiss, dass Gott noch Großes mit uns vorhat. Neues bedeutet immer ein Wagnis, und im Vertrauen auf Gottes Vorsehung werden wir auch die nächsten Herausforderungen und Schwierigkeiten meistern. Wir überlassen uns ganz Ihm und bleiben in dieser tiefen Dankbarkeit und dem Gottvertrauen. Dazu ermutige ich jeden Tag meine Communitys. Wir müssen nicht alles haben, aber wir können immer aus allem etwas machen. Es geht auch bescheidener, einfacher und anspruchsloser. So zufrieden zu sein wie möglich.

Ekstasen der Freude

Martin Werlen

Künstlerinnen und Künstler sind in besonderer Weise dazu berufen, die Nöte und die Freuden der Menschen wahrzunehmen und unsere Augen, Ohren und Herzen dafür zu öffnen. Wie viele Künstlerinnen und Künstler stellen direkt oder indirekt Baustellen dar und bringen sie so ins Gespräch! Sie helfen uns, einen liebevollen Blick darauf zu werfen. Vor allem seit der Gotik hat sich das verändert. Vorher waren vorzüglich das Heile und die Glorie im Vordergrund. Dies lässt sich leicht entdecken im Vergleich der Kreuzesdarstellungen. Waren sie in der Romanik mit kostbaren Edelsteinen geschmückt, hat in der Gotik auch das Leiden seinen Platz. Das war tatsächlich ein Weg vom Haus voll Glorie zum Lazarett. Ein eindrückliches Beispiel für Letzteres ist der Isenheimer Altar im elsässischen Colmar in einem Haus für schwer Erkrankte. Von dieser Darstellung fühlten sich die Menschen in ihrer eigenen Not angesprochen und aufgenommen.

Der österreichische Künstler Friedrich Hundertwasser (1928–2000) bringt es fertig, langweilige oder sogar fürchterliche Gebäude zum Leben zu erwecken, sodass sie Menschen aufatmen lassen und zum Schmunzeln bringen. Er setzte sich für eine natur- und menschengerechtere Architektur ein. Da ist nicht alles gerade, so wie es immer war. Die Pfarrkirche Bärnbach in der Steiermark ist ein Beispiel für eine Kirche, die mit den Menschen auf dem Weg ist. Entstanden in der eher phantasielosen Nachkriegszeit ist daraus mit der Umgestaltung durch Hundertwasser (1987/88) ein weltbekanntes Zeichen geworden, an dem sich die frommen Geister heute noch scheiden. Eindrücklich ist auch, was der Künstler aus der Müllverbrennungsanlage Spittelau

in Wien entstehen ließ. Sie darf sich — anders als fast alle anderen Müllverbrennungsanlagen — sehen lassen und wird sogar gezielt aufgesucht. Baustellen haben Hundertwasser inspiriert.

Roland Haas (*1958) aus dem Vorarlberger Montafon, der vor Kreativität sprudelt, malt faszinierende Baustellen. Die Bilder sind gefragt, gerade weil sie Bilder unseres Lebens sind: faszinierend und erschreckend zugleich. Ich verstehe, warum sich Menschen darum reißen. Wer die Faszination und das Erschrecken der Baustellen jetzt durch die Lektüre ein wenig kennengelernt hat, kann vielleicht die Aufforderung des in Zürich lehrenden Theologen Thorsten Dietz (*1971) verstehen, »die Erotik der Baustelle lieben zu lernen«. Das Unvollendete führt uns nicht vom Leben weg, wie wir meistens meinen, sondern zum Leben hin.

Der deutsche Komiker Karl Valentin (1882–1948) bringt es mit seinem unverwechselbaren Humor auf den Punkt: »Ich freue mich, wenn es regnet, denn wenn ich mich nicht freue, regnet es auch.« Mit seiner 9. Symphonie hat Ludwig van Beethoven (1770–1827) diese tiefe Einsicht zu einem der weltweit bekanntesten Musikstücke gemacht: dem Schlusschor mit der *Ode an die Freude* von Friedrich Schiller (1759–1805). Diese Vertonung ist eine Ekstase der Freude in der schlimmsten Situation für einen Musiker wie Beethoven. Er war bereits völlig ertaubt, als er dieses Werk schrieb. Die Ode an die Freude wird mit folgenden Worten eingeleitet: »O Freunde, nicht diese Töne! Sondern lasst uns angenehmere anstimmen und freudenvollere. Freude! Freude!« Ist man sich der Baustelle des Komponisten bewusst, ertönt der Chor in einer noch viel überwältigenderen Dimension. Bei der Uraufführung dieses Werkes am 7. Mai 1824 in Wien saß Beethoven mit dem Rücken zum Publikum und las den Sängerinnen und Sängern die Worte vom Mund ab. Am Schluss brach ein tosender Applaus los. Eine Sängerin nahm den

Komponisten am Arm und drehte ihn um, sodass er das Publikum sehen konnte. Als er die begeisterten Menschen erblickte, verbeugte er sich dankend. Tatsächlich können wir auch aus Steinen, die uns – von wem auch immer – in den Weg gelegt werden, Großartiges bauen.

Der Engel der Heiterkeit

Anselm Grün

Für die frühen Mönche war die *hilaritas,* die Heiterkeit und innere Klarheit, die Fröhlichkeit und Helligkeit, ein Zeichen für eine stimmige Spiritualität. Wer seine eigene Wahrheit erkannt hat, wer seine Höhen und Tiefen erlebt hat und wer sich ganz und gar angenommen fühlt, der strahlt solche *hilaritas* aus. Der geht nicht mehr mit einer finstersten Miene durch die Welt. Ihm ist nichts Menschliches mehr fremd. Und er weiß alles geborgen, auch die eigene Schwäche und all die Irrwege des Menschen. Es ist ein Strahlen, das von innen kommt, weil alles in ihm vom heilenden und wärmenden Licht göttlicher Liebe erleuchtet ist. Das deutsche Wort heiter bedeutet von seiner Wurzel her: klar, hell, wolkenlos, leuchtend. Durch den heiteren Menschen scheint ein helles Licht in seine Umgebung. Er vertreibt die Wolken, die die Köpfe der Menschen verdunkeln.

Heiterkeit ist nicht einfach nur eine Charaktereigenschaft, mit der man geboren wird. Sie entsteht durch ein großes Vertrauen, dass man so, wie man ist, bedingungslos angenommen ist, dass alles letztlich gut ist. Und sie entsteht durch den Mut, die eigene Wahrheit anzuschauen. Christen sind überzeugt: Nur wer das Licht Gottes in alle Abgründe seiner Seele eindringen lässt, der kann Heiterkeit ausstrahlen. In ihm gibt es nichts Dunkles mehr, das er verstecken müsste, nichts Abgründiges, vor dem er Angst haben müsste. Er geht sorglos durch die Welt. Das ist kein naiver Optimismus, sondern eine Haltung, die aus der Begegnung mit der Wahrheit kommt. Weil er seiner eigenen Wahrheit ins Auge geschaut hat, braucht er sich den Kopf nicht mehr zu zergrübeln über eventuelle Probleme und Gefahren. Er ist nicht fixiert auf das Dunkle dieser Welt, sondern sieht alles ins göttliche Licht getaucht. Er vertraut, dass dieses Licht, das in seinem Herzen gesiegt hat, sich auch in der Welt durchsetzen wird.

Solche Heiterkeit steckt an. In der Nähe eines heiteren Menschen kann man sich nicht über den Weltuntergang unterhalten. Da kann man sich nicht in einem Jammern über die Zustände dieser Welt ergehen. Der Heitere verschließt die Augen nicht vor der konkreten Situation dieser Welt. Er verdrängt das Dunkle nicht. Aber er sieht alles aus einer anderen Perspektive heraus, letztlich aus einer Perspektive des Geistes, der auch die Finsternis durchschaut, bis er auf den leuchtenden Grund Gottes darin stößt. Er sieht alles aus der Perspektive seines Engels heraus, der die Wirklichkeit dieser Welt so sieht, wie sie ist, der es aber dennoch fertigbringt, sich mit seinen Flügeln über sie zu erheben und sie trotz aller Schwere mit einer inneren Heiterkeit anzuschauen. Einem heiteren Menschen kann man keine Angst einjagen. Er ruht in sich. Und so kann ihn nichts so leicht umwerfen. Wenn du mit einem so heiteren Menschen sprichst, dann kann sich auch dein Inneres aufheitern, dann siehst du auf einmal dein eigenes Leben und deine Umgebung mit anderen Augen. Es tut dir gut, in der Nähe eines heiteren Menschen zu sein. Du weißt, wie niederdrückend Menschen sein können, die alles durch ihre dunkle Brille sehen, die fixiert sind auf das Negative, das sie überall entdecken. Der heitere Mensch hellt dich auf. Du fühlst dich auf einmal leicht. So wünsche ich dir die Begegnung mit vielen Engeln der Heiterkeit. Und ich wünsche dir, dass dich der Engel der Heiterkeit innerlich aufhellt und dich heiter und klar, leuchtend und wolkenlos werden lässt, damit durch dich die Welt um dich herum heller und heiterer wird.

Anhang

Quellenverzeichnis

Alle Quellentexte sind, wenn nicht anders angegeben, im Verlag Herder, Freiburg im Breisgau, erschienen.
© Verlag Herder GmbH, Freiburg im Breisgau

Thomas Frings, Endlich alt! Ein spiritueller Reisebegleiter, 2024

Johann Wolfgang von Goethe, Italienische Reise, in: Werke. Hamburger Ausgabe in 14 Bänden, Bd. 11, Hamburg 1978

Johann Wolfgang von Goethe, Zahme Xenien, in: Berliner Ausgabe. Poetische Werke, Bd. 1, Berlin 1960

Anselm Grün, 50 Engel für das Jahr. Ein Inspirationsbuch, 2022

Anselm Grün, Staunen – Die Wunder im Alltag entdecken, 2024

Hugo von Hofmannsthal: Gesammelte Werke, Bd. 1, Gedichte, Dramen, Frankfurt a. M. 1979

Paulina Kleinsteuber, Libellenflug und Windgeflüster. 52 Fährten Gottes in der Welt, 2024

Silke-Andrea Mallmann, Manchmal muss ich mich suchen gehen. 47 Alltagsimpulse für mehr Achtsamkeit, 2024

Lorenz Marti, Übrigens, das Leben ist schön. Entdeckungen auf der Rückseite des Selbstverständlichen, 2015

Franz Meurer, Brandmeister Gottes. Für eine Kirche, die nicht lange fackelt, 2024

Erich Mühsam, Beschauliche Weisheit, in: Ausgewählte Werke, Bd. 1, Gedichte. Prosa. Stücke, Berlin 1978

Susanne Niemeyer, Soviel du brauchst. Sieben Sachen zum besseren Leben, 2021

Wolfgang Öxler und Andrea Göppel, Bleib deiner Sehnsucht auf der Spur. Schatzkarte für die Seele, 2023

Wolfgang Öxler und Andrea Göppel, Freie Räume für mehr Leben. Der Seele Weite geben, 2022

Joachim Ringelnatz, Gedichte dreier Jahre, in: Das Gesamtwerk in sieben Bänden, Bd. 2, Zürich 1994

Friedrich Rückert, Haus- und Jahrslieder, Bd. 1, Erlangen 1838

Nina Ruge, Sonne für die Seele. Meine toskanischen Momente, 2022

Andrea Schwarz, Ich mag Gänseblümchen, 2020

Kurt Tucholsky, Schloss Gripsholm, in: Gesammelte Werke in zehn Bänden, Bd. 9, Reinbek bei Hamburg 1975

Rudolf Walter, Genießen — was schön ist und guttut, 2024

Beatrice von Weizsäcker, Wer's glaubt, wird selig, 16–18

Martin Werlen, Baustellen der Hoffnung. Eine Ermutigung, das Leben anzupacken, 2024

Teresa Zukic und Eva-Maria Popp, Vergiss das Schöne nicht. Mit Lebensfreude Krisen meistern, 2023

Textnachweise

S. 12: Hofmannsthal, Gedichte, Dramen, 109

S. 13: Ruge, Sonne für die Seele, 19

S. 16: Grün, Staunen, 185–188

S. 21: Goethe, Italienische Reise, 239f

S. 24: Weizsäcker, Wer's glaubt, wird selig, 16–18

S. 30: Ringelnatz, Gedichte dreier Jahre, 77

S. 31: Mallmann, Manchmal muss ich mich suchen gehen, 15f

S. 33: Niemeyer, Soviel du brauchst, 84f

S. 37: Walter, Genießen, 113–118

S. 48: Grün, Staunen, 212–214

S. 54: Rückert, Haus und Jahrslieder, 236

S. 55: Niemeyer, Soviel du brauchst, 42f

S. 58: Tucholsky, Schloss Gripsholm, 25

S. 59: Frings, Endlich alt, 50–53

S. 65: Öxler, Freie Räume für mehr Leben, 108–111

S. 68: Niemeyer, Soviel du brauchst, 30f

S. 74: Mühsam, Beschauliche Weisheit, 41f

S. 75: Kleinsteuber, Libellenflug und Windgeflüster, 104f

S. 78: Ruge, Sonne für die Seele, 41

S. 81: Meurer, Brandmeister Gottes, 28–30

S. 86: Öxler, Bleib deiner Sehnsucht auf der Spur, 108f

S. 89: Marti, Übrigens, das Leben ist schön, 22f

S. 94: Goethe, Zahme Xenien, 711

S. 95: Mallmann, Manchmal muss ich mich suchen gehen, 56f

S. 97: Schwarz, Ich mag Gänseblümchen, 11, 13–15

S. 101: Frings, Endlich alt, 35–38

S. 106: Zukic, Vergiss das Schöne nicht, 118f

S. 108: Werlen, Baustellen der Hoffnung, 57–59

S. 113: Grün, 50 Engel für das Jahr, 104f

Verzeichnis der Autorinnen und Autoren

Thomas Frings, geb. 1960, wurde 1987 zum Priester geweiht. Von 2009 an war er Pfarrer der Heilig-Kreuz-Gemeinde in Münster, seit 2010 Mitglied und seit 2014 Moderator des diözesanen Priesterrats. Durch seine Amtsniederlegung im Frühjahr 2016 wurde er national bekannt, sein Buch »Aus, Amen, Ende?« wurde ein Bestseller. Thomas Frings ist Großneffe des Kölner Erzbischofs Kardinal Joseph Frings. Zuletzt bei Herder: »Endlich alt! Ein spiritueller Reisebegleiter« (2024).

Johann Wolfgang von Goethe, 1749–1832, gilt als einer der bedeutendsten Dichter deutscher Sprache.

Anselm Grün, geb. 1945, Dr. theol., Benediktiner und Verwalter der Abtei Münsterschwarzach; geistlicher Berater, Begleiter und weltweit populärster christlicher Autor unserer Tage. Seine Bücher zur Spiritualität und Lebenskunst haben Millionenauflagen erreicht. Zuletzt bei Herder u. a.: »Alles in allem – was letztlich zählt im Leben« (2024). Im Internet: www.einfach-leben-brief.de

Hugo von Hofmannsthal, 1874–1929, österreichischer Schriftsteller, Dramatiker, Librettist und Lyriker, der zu den Mitbegründern der Salzburger Festspiele zählt.

Sr. Paulina Kleinsteuber ist promovierte Lebensmittelchemikerin, war 17 Jahre im Sanitätsdienst der Bundeswehr tätig, dabei u. a. in Einsätzen im Kosovo und Afghanistan. Seit 2017 lebt sie im Kloster der Missions-Benediktinerinnen von Tutzing und ist dort für die baulichen und technischen Fragestellungen verantwortlich und geht zudem Anfragen als Referentin und Autorin nach. Bei Herder: »Libellenflug und Windgeflüster. 52 Fährten Gottes in der Welt« (2024).

Sr. Silke-Andrea Mallmann CPS, 1968–2024, stammte aus dem Rheinland und lebte als Mariannhiller Missionsschwester vom Kostbaren Blut in Kärnten. Als Psychologin engagierte sie sich für Migranten, Prostituierte und Opfer von Menschenhandel. Sie war Trägerin des Menschenrechtspreises des Landes Kärnten. Zuletzt bei Herder: »Manchmal muss ich mich suchen gehen. 47 Alltagsimpulse für mehr Achtsamkeit« (2024).

Lorenz Marti, 1952–2020, studierte Geschichte und Politik und war von 1977 bis Ende 2012 Redakteur im Schweizer Radio DRS. Sein besonderes Interesse als Schriftsteller galt der Verbindung von Alltag und Spiritualität, von philosophischen Einsichten und konkreter Lebensweisheit. Marti lebte und arbeitete in Bern. Zuletzt bei Herder: »Der innere Kompass. Was uns ausmacht und was wirklich zählt« (2022).

Franz Meurer, geb. 1951, ist einer der bekanntesten Pfarrer in und um Köln. Mit dem »HöVi-Land«, einer sozialen Einrichtung, erlangte er auch nationale Bekanntheit und erhielt zahlreiche Ehrungen. Meurer ist bekannt für sein Engagement, seine hohe Beliebtheit bei den Menschen und sein mutiges, authentisches Auftreten. Zuletzt bei Herder: »Brandmeister Gottes. Für eine Kirche, die nicht lange fackelt« (2024).

Susanne Niemeyer, geb. 1972, hält von ihrem Schreibtisch Ausschau nach dem Himmel. Sie hat mehrere Bücher veröffentlicht und bloggt auf www.freudenwort.de. Während ihrer kreativen Schreibreisen nach Schweden, in die Berge und ans Meer inspiriert sie andere dazu, eigene Geschichten zu schreiben. Zuletzt bei Herder: »Der Stolperengel. Funkelnagelneue Weihnachtsgeschichten« (2024).

Wolfgang Öxler, geb. 1957, ist 1980 in den Benediktinerorden von St. Ottilien eingetreten, seit 1988 Priester und seit 2013 Erzabt von St. Ottilien. Der Leitspruch des Diplomtheologen und Musikers lautet: »Gottesvoll den Menschen nah«. Zuletzt bei Herder zusammen mit Andrea Göppel: »Bleib deiner Sehnsucht auf der Spur. Schatzkarte für die Seele« (2023).

Joachim Ringelnatz, 1883–1934, eigentlich Hans Gustav Bötticher, deutscher Schriftsteller, Kabarettist und Maler, der vor allem für humoristische Gedichte um die Kunstfigur Kuttel Daddeldu bekannt ist.

Friedrich Rückert, 1788–1866, deutscher Dichter und Übersetzer, der etwa 40 Sprachen sprach und die deutsche Orientalistik begründete.

Nina Ruge ist studierte Biologin und Journalistin. Sie moderiert regelmäßig Kongresse und Podiumsdiskussionen zu Themen aus Forschung und Wissenschaft. Aus Nachrichtensendungen und erfolgreichen Formaten wie »Leute heute« ist Nina Ruge einem großen Publikum bekannt. Sie ist Autorin mehrerer populärwissenschaftlicher Bücher. Zuletzt bei Herder: »Sonne für die Seele. Meine toskanischen Momente« (2022).

Andrea Schwarz, geb. 1955, gehört zu den meistgelesenen christlichen Schriftstellerinnen unserer Zeit. Seit vielen Jahren ist die gelernte Industriekauffrau und Sozialpädagogin in der katholischen Gemeindearbeit tätig, zuletzt als Pastorale Mitarbeiterin der Diözese Osnabrück. Zuletzt bei Herder: »Eigentlich ist Weihnachten ganz anders. Hoffnungstexte« (2021).

Kurt Tucholsky, 1890–1935, war einer der scharfsinnigsten Beobachter der Weimarer Republik. Als politisch engagierter Journalist erwies er sich als schriftstellerisches Multitalent.

Rudolf Walter, Dr. phil., Dipl. theol., war lange Jahre Cheflektor beim Verlag Herder in Freiburg. Er ist Herausgeber des Monatsbriefs »einfach leben« von Anselm Grün und von zahlreichen Büchern. Zuletzt bei Herder: »Genießen – was schön und gut tut« (2024).

Beatrice von Weizsäcker, geb. 1958, Dr. jur., ist Juristin und Publizistin. Seit 2003 lebt sie als freie Autorin in München. Sie spricht und schreibt regelmäßig für den Bayerischen Rundfunk und evangelisch.de. Weizsäcker, langjähriges Präsidiumsmitglied des evangelischen und des ökumenischen Kirchentags, trat Anfang 2020 zum katholischen Glauben über. Zuletzt bei Herder: »Wer's glaubt ... Meine Seligpreisungen« (2024).

Martin Werlen OSB, geb. 1962, Mönch im Kloster Einsiedeln, er wirkte dort als Novizenmeister und Gymnasiallehrer. Von 2001 bis 2013 war er der 58. Abt des Klosters und Mitglied der Schweizer Bischofskonferenz. Seit August 2020 ist er Propst der zum Kloster gehörenden Propstei St. Gerold in Vorarlberg in Österreich. Zuletzt bei Herder: »Baustellen der Hoffnung. Eine Ermutigung, das Leben anzupacken« (2024).

Sr. Teresa Zukic, geb. 1964, ist Mitbegründerin der »Kleinen Kommunität der Geschwister Jesu« und eine der bekanntesten Ordensschwestern Deutschlands. Sie ist eine gefragte Rednerin und Autorin von Bestsellern. Als sie 2020 an Krebs erkrankte, entschied sie sich dafür, in den Sozialen Medien offen über ihre Erkrankung zu berichten. Zuletzt bei Herder zusammen mit Eva-Maria Popp: »Glück und Segen für ein ganzes Jahr. Impulse, die von Herzen kommen« (2024).

MIX
Papier | Fördert
gute Waldnutzung
FSC® C083411

© Verlag Herder GmbH, Freiburg im Breisgau 2025
Hermann-Herder-Straße 4, 79104 Freiburg

Alle Rechte vorbehalten
www.herder.de

Bei Fragen zur Produktsicherheit wenden Sie sich an
produktsicherheit@herder.de

Umschlaggestaltung: Verlag Herder
Umschlagmotiv: © Westend61/GettyImages
Vignetten im Innenteil: © keiko takamatsu / GettyImages;
    © Spiharu / GettyImages
Satz: Arnold & Domnick, Leipzig

Herstellung: CPI books GmbH, Leck
Printed in Germany

ISBN 978-3-451-03548-7